ENRICO ACERBI

SATURDAY NIGHT SOLDIERS

I BRITANNICI NELLA BATTAGLIA DEL 15 GIUGNO 1918

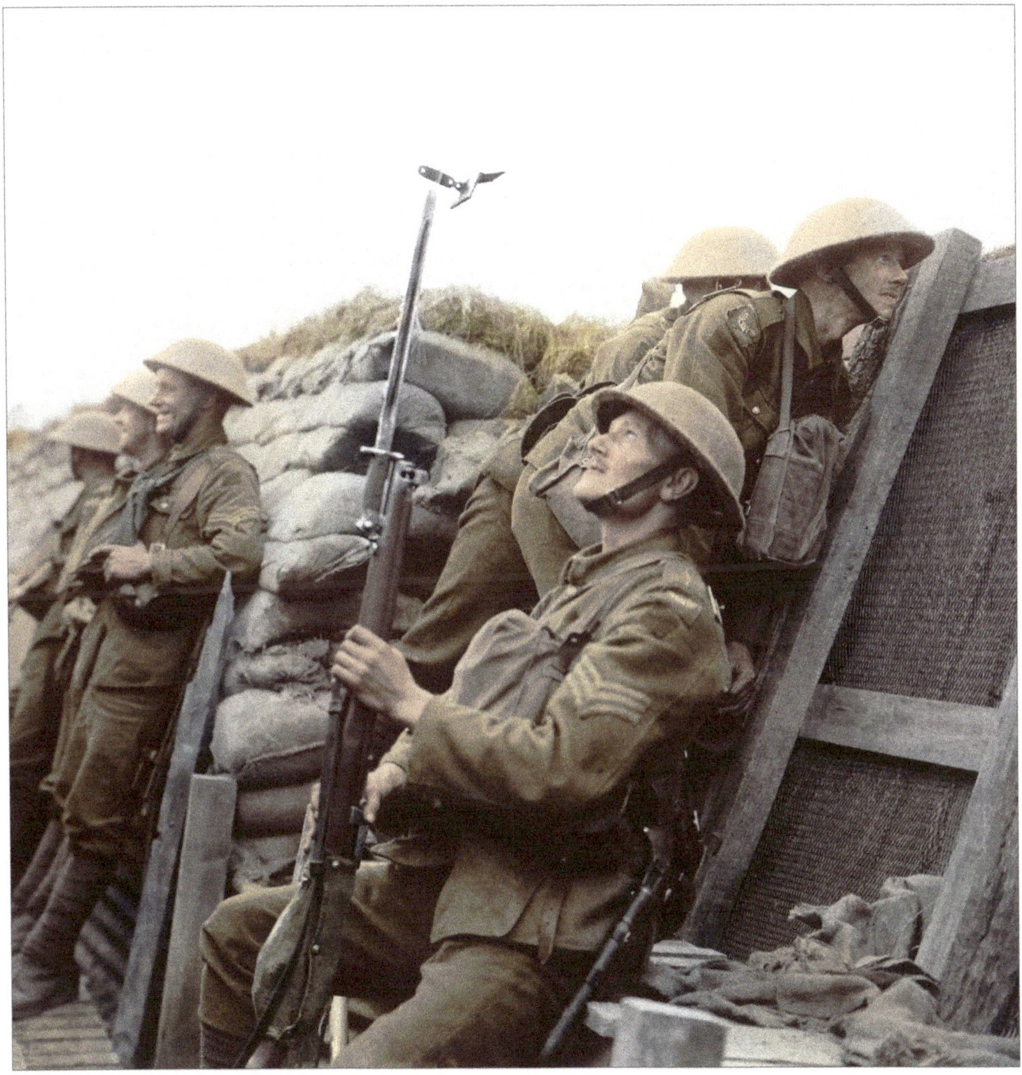

BATTLEFIELD 022

SOLDIERSHOP PUBLISHING

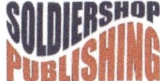

AUTORI

Enrico Acerbi nasce a Valdagno (Vicenza) il 13.8.1952; laureato in medicina, esperto in tossicologia, ha lavorato nell'ospedale locale, ora in pensione. Partner del Museo della Guerra di Rovereto, membro dell'Associazione Napoleonica d'Italia e storiografo della Grande Guerra. Enrico Acerbi ha sviluppato la passione per la ricerca storica sin dagli anni '90. Per cinque anni ha collaborato con il Center for Great War Studies di Asiago. Ha anche collaborato con la Comunità Montana di Arsiero come insegnante presso l'università popolare (corsi di formazione storica sulla prima guerra mondiale) e con la Comunità montana di Agno-Chiampo (ricostruzione delle fortificazioni fatte durante la Grande Guerra). Partner del Museo della guerra di Rovereto e membro fondatore del Gruppo di ricerca storica sulla Grande Guerra di Valdagno, attualmente impegnato nello studio della storia napoleonica in Veneto e in Italia. Illustratore grafico di articoli sulla storia napoleonica. Ha al suo attivo diverse pubblicazioni storiche per varie case editrici.

▲ Il monumento alla Beata Giovanna Maria Bonomo tra le rovine di Asiago, città completamente rasa al suolo

ISBN: 9788893275057   1a edizione Ottobre 2019

SATURDAY NIGHT SOLDIERS - I britannici nella battaglia del 15 giugno 1918
Testo e tavole a colori di Enrico Acerbi
Editore: Luca Cristini Editore per i tipi di Soldiershop. Cover & Art Design: Luca S. Cristini.

PREMESSA

"DIE HUNGEROFFENSIVE"

L'"Offensiva della fame", l'attacco austriaco del 15- 24 giugno del 1918.

A metà gennaio 1918 in Austria-Ungheria iniziava la crisi alimentare che, oltre all'interno del paese, coinvolgeva il vettovagliamento delle truppe. Svariati furono gli episodi anomali: cavalli che morivano per mancanza di foraggio, soldati che si sfamavano con le loro misere carni. Dal punto di vista militare questo aveva ridotto molto la mobilità dell'artiglieria, per mancanza di sufficienti animali da traino. Forniture di cereali tedesche e utilizzo del fogliame degli alberi come foraggio, attenuavano un po' la crisi. I contadini coltivavano i campi in modo forzoso, sorvegliati da gendarmi che badavano a che non fossero nascoste le derrate. Nemmeno i nuovi territori ucraini, acquisiti dopo Brest-Litovsk, riuscivano a migliorare la situazione. Mancavano i bovini per l'aratura e le piogge avevano flagellato per tutta la primavera del 1918. Nell'armata imperiale si prevedeva di razionare il cibo, fino ad una quota del 50% del fabbisogno calorico, almeno fino alla metà di giugno; e andava ancor peggio per la popolazione. A tutto ciò si aggiungeva una nuova, incombente, minaccia: una devastante forma d'epidemia influenzale (sarà nota come "la Spagnola").

Il Comando Supremo austro-ungarico, preoccupato per le scarse scorte alimentari e in piena riorganizzazione del suo esercito (ora privo del problema russo e poco coinvolto nei Balcani) decideva di concentrare tutte le forze disponibili per una grande offensiva contro l'Italia. Questa prevedeva un attacco diversivo sul Tonale, detta "operazione *Lawine*", con l'obiettivo di colpire seriamente gli impianti idroelettrici in Valtellina e in Val Camonica (motori per le fabbriche lombarde). L'attacco principale doveva colpire direttamente l'altopiano di Asiago e il monte Grappa, un fronte di 56 km ("operazione *Radetzsky*"); un attacco parallelo ("operazione *Albrecht*") doveva aggredire il Piave, lungo i 64 km del fronte da Fener al mare.

Nella tarda primavera del 1918, l'Austria schierava sul fronte italiano tutto il suo restante esercito, comprese le divisioni più efficienti e tutta l'artiglieria di cui disponeva. Era una massa d'urto imponente di circa 60 divisioni, suddivise in due Heeresgruppen (gruppi d'armate). Il primo, l'*Heeresgruppe Conrad*, aveva la 10ª Armata, dallo Stelvio alla val d'Astico con 8 divisioni in linea e 2 in riserva, e l'11ª Armata, che dalla val d'Astico a Fener, con 15 divisioni in linea e 8 in riserva, (altre 4 erano in riserva del Gruppo). L'altro, *Heeresgruppe Boroević*, era formato dalla 6ª Armata (fronte dell'alto Piave, da Fener ai ponti della Priula, con 6 divisioni), e dall'*Isonzo-Armee*, (dai ponti della Priula al mare, con 15 divisioni); il Gruppo aveva una riserva di 2 divisioni.

I soldati austriaci si addestrarono all'offensiva con attenzione, curando ogni dettaglio, con frequenti esercitazioni d'assalto. Corsi di canottaggio ed esercitazioni tattiche sul Tagliamento e sul Livenza preparavano i reparti di pionieri, incaricati del passaggio del Piave su barconi ed equipaggiamenti da ponte. Nel mese di maggio si cercò d'aumentare, il più possibile, il rancio dei soldati destinati all'assalto; così le già scarse riserve di viveri calarono ulteriormente.

Tra fine di maggio e i primi di giugno, conscio ormai dei preparativi del nemico, il comando Supremo italiano, diradava la densità delle truppe nelle trincee avanzate ed arretrava le batterie pesanti per scaglionarle in profondità, assegnando riserve ai corpi d'armata e creando una riserva generale, vicina al fronte; la parola d'ordine era "Resistere!".

L'operazione "Albrecht"

L'attacco sul Piave colpì soprattutto il Montello, altura ovale di circa 15 km, alta al massimo 368 m, che costeggia la riva sinistra del Piave, coperta da fitta vegetazione. All'inizio ci fu un duello d'artiglieria, con i cannoni italiani che aprivano il fuoco alle 5 del mattino (due ore dopo quelli nemici) ed alle 5.10 i primi reparti austriaci attraversarono il Piave sui barconi. Le loro avanguardie riuscirono a prendere la prima linea italiana, ma rimasero isolate a causa del violento fuoco d'artiglieria italiano. La prima linea italiana del Montello cadeva alle 7.15 di mattina, occupare dalla fanteria, preceduta dagli assaltatori. Gli Alleati (italiani) tuttavia mantenevano la superiorità aerea.

Dopo l'iniziale successo austriaco, per riconquistare le posizioni perdute sul Montello, gli italiani lanciavano una controffensiva, il 16 giugno, che falliva per mancanza di coordinazione fra fanteria ed artiglieria. La sera dello stesso giorno, il XXIV Corpo austriaco ebbe ordine di sospendere le operazioni contro il Montello, per dirigere gli attacchi a sud-est, verso i ponti della Priula, appoggindo l'offensiva dell'*Isonzo-Armee*.

Il contrattacco italiano continuava il pomeriggio del 17 giugno, facilitato dall'ondata di piena del Piave, che, di notte, travolse ponti e passerelle austro-ungariche. Le truppe imperiali si ritrovarono, così, isolate sulla sponda destra, prive di munizioni e viveri, e senza possibilità di evacuare i feriti e i prigionieri. Un ulteriore contrattacco per riconquistare le posizioni perdute sul Montello partiva il 19 giugno, grazie a truppe italiane di riserva. L'avanzata nemica fu bloccata, ma la confusione era massima.

Verso le 18 dello stesso giorno, precipitava, in quel teatro, il maggiore Francesco Baracca, colpito mentre mitragliava a bassa quota presso l'abbazia di Nervesa.

La mancanza d'orientamento, in un terreno chiazzato da cespugli e zone boscose, aveva reso difficoltoso l'orientamento dei reparti mandati a contrattaccare le unità nemiche, schierate in linee improvvisate e sconosciute. L'8ª Armata italiana sul Montello (23.209 uomini) accusava ben 13.103 dispersi, quasi tutti catturati dal nemico (il numero non annovera morti e feriti). La 6ª Armata imperiale perse in tutto 17.179 uomini tra morti, feriti e dispersi.

Nel settore del basso Piave i punti d'imbarco erano previsti nella zona delle Grave di Papadopoli, ma l'attraversamento del fiume non ebbe successo. Anche nella rare zone, in cui gli assaltatori austriaci erano riusciti ad occupare le linee avversarie, i contrattacchi italiani, del tardo pomeriggio, costrinsero tutti a tornare alle posizioni di partenza. Nel settore dell'*Isonzo-Armee*, l'unico ponte, eretto dai pionieri austriaci, era continuamente danneggiato dalle cannonate e poi riparato. Il 16 giugno i combattimenti continuavano, senza sosta, vani, anche a causa dello scarso appoggio dei cannoni, le cui granate spesso affondavano nel terreno molle ed acquitrinoso, senza esplodere.

Dalle 17 del 17 giugno, la 3ª Armata italiana iniziava a portare decisi contrattacchi lungo il corso del Piave. La "battaglia del Piave" continuava il 18, 19 e 20 giugno, senza tregua. Alle 11,50 del 20 giugno l'imperatore Carlo, a Vittorio Veneto a colloquio con i comandi del Gruppo Boroević, prendeva atto delle gravi difficoltà lungo il Piave ed ordinava di ritirare i reparti sulla riva sinistra.

L'operazione "Radetzky" sul Grappa

Anche sul Grappa, l'offensiva *"Radetzky"* ebbe inizio alle ore 3 del 15 giugno con un violentissimo fuoco d'artiglieria. L'assalto dei reparti della 27ª divisione austro-ungarica iniziava alle 7,40 penetrando sui colli a nord del massiccio del Grappa, fino al Col Moschin ed all'Asolone. Verso le 12,30, dai colli fino al monte Asolone, la nebbia si diradava, permettendo all'artiglieria italiana di bombardare con la massima efficacia le posizioni conquistate dal nemico. Il violentissimo fuoco disperdeva rinforzi e rifornimenti austriaci ed, alle 13, fu palese l'arresto dell'avanzata nemica in quota.

I primi contrattacchi italiani iniziavano circa alle 14, ma le truppe italiane erano stanche. Perciò il comando della 4ª Armata ordinava il cambio dei reparti, che avevano subito l'urto austriaco, per preparare il contrattacco il giorno dopo. Con i decisi contrattacchi del 16-17 giugno, la 4ª Armata italiana riconquistava quasi tutte le posizioni perdute dall'inizio dell'offensiva nemica. I tre giorni di combattimenti costarono all'ala sinistra dell'11ª Armata austro-ungarica, la perdita di 18.782 uomini tra morti, feriti e dispersi, mentre la 4ª Armata italiana perse complessivamente 13.989 uomini.

L'operazione "Radetzky" sull'altopiano

Sull'altopiano di Asiago, l'11ª Armata austro-ungarica schiera l'imponente massa di 1489 pezzi d'artiglieria di vario calibro, tra i quali anche 17 mortai da 30,5 cm, 2 obici da 38 cm e 3 da 42 cm. Anche qui la superiore ricognizione aerea alleata aveva fotografato in dettaglio tutta la retrovia avversaria, segnalando la posizione delle batterie, dei centri logistici e delle zone d'ammassamento delle truppe nemiche. Il settore del fronte dalla val d'Astico alla Valsugana, esteso 56 km, era presidiato dalla 6ª Armata italiana, definita anche "armata degli Altipiani", composta da due corpi italiani (XIII e XX), dal XIV Corpo britannico e dal XII Corpo francese. L'artiglieria alleata aveva 1364 pezzi di vario calibro, di cui 460 alleati; una densità di 55 pezzi per km lineare. Le batterie erano dislocate dietro ai colli, nei boschi a sud dell'altopiano. Per fronteggiare l'offensiva, ogni batteria era stata rifornita abbondantemente, con impressionanti riservette di munizioni, depositi di 2500 colpi a singolo pezzo di piccolo calibro (1800 colpi se piccolo calibro da montagna), 800 colpi per ogni pezzo pesante, 640 per medi calibri e 320 per grossi calibri; non mancavano i proiettili a gas.

Il 12 giugno iniziava a piovere anche sull'altopiano, maltempo gradito ai comandi austro-ungarici, perché impediva le ricognizioni aeree italiane. I servizi d'Intelligence italiani (Centro Raccolta notizie "F1") sapevano con buona precisione l'ora d'inizio dell'attacco, grazie all'interrogatorio di alcuni prigionieri. Per questo motivo l'artiglieria della 6ª Armata iniziava a bombardare, prima di quella austriaca, alle 23,45 del 14 giugno, battendo le batterie avversarie e le zone di radunata delle truppe pronte per l'attacco. Il bombardamento colpiva in pieno le vie d'accesso al fronte del 138º fanteria (16ª divisione), disperdendone i soldati. Come stabilito, invece, gli austriaci iniziarono a bombardare alle 3 di notte del 15 giugno. Il fuoco si concentrava sui monti Valbella, Col del Rosso e Col d'Echele, e poi s'estese anche al settore centrale ed ovest dell'altopiano; durò per circa 4 ore, con ampio utilizzo di proiettili a gas.

Alle 7 del mattino, le colonne d'attacco imperiali uscivano dalle loro trincee, per arrivare, dopo circa mezz'ora, a contatto delle prime linee italiane, afflitte da problemi di comunicazioni con le retrovie, a causa dei disastri prodotti dai cannoni alleati. Come vedremo il settore davanti a Canove, difeso dalla 48ª divisione britannica, fu attaccato dall'ala sinistra della 6ª divisione di fanteria e rinforzato dai reggimenti italiani 11º e 12º, brigata *Casale*. Poco più a est, l'ala destra della 38ª divisione Honvéd era respinta dall'altra divisione britannica, la 23ª.

Nel settore contiguo a quello britannico, la 23ª divisione francese si era ritirata sulle seconde linee, per evitare perdite da bombardamento, permettendo ai reparti d'assalto della 42ª Honvéd, di avanzare verso Pennar; qui però furono bloccate dal fuoco d'interdizione dell'artiglieria francese.

Il settore orientale dell'altopiano, dove difendevano le truppe del XIII Corpo italiano, era assaltato dalla 18ª divisione austro-ungarica, che si spingevano avanti fino a Valbella, Malga Melaghetto, Costalunga e all'inizio di Cima Eckar. Qui subivano il contrattacco deciso dei fanti del III battaglione del 13º fanteria *Pinerolo*, uniti a reparti francesi. Tutte le posizioni inizialmente cadute in mano austriaca furono contrattaccate nel pomeriggio dalle truppe italiane.

In serata, il comando dell'11ª Armee, informato dei deludenti esiti degli attacchi, ordinava di arrestare gli attacchi e imponeva di difendere le poche posizioni conquistate, in attesa di proseguire l'azione in Valsugana, se fossero continuate le buone notizie provenienti dal Grappa.

I contrattacchi italiani del 16-17 giugno, riuscivano a riprendere parte del Col del Rosso e di Costalunga. La 23ª divisione francese riprendeva le proprie posizioni avanzate di Pennar e del Capitello (quota 1094); la sera del 17 giugno, il 52º reparto d'assalto, assieme ai bersaglieri del 3º reggimento e ai fanti della *Pinerolo*, iniziavano assillanti azioni contro Costalunga, costringendo il nemico a ritirarsi, due giorni dopo.

In tre giorni di battaglia, sull'altopiano di Asiago, l'11ª armata austro-ungarica aveva perso 30.181 uomini (morti, feriti e dispersi); le perdite della 6ª Armata italiana, nello stesso periodo e nel medesimo settore, erano state, in totale, 7.184 uomini, tra i quali 592 francesi e 1.759 inglesi.

Questa grande battaglia, combattuta su un fronte di 120 km, in una seduta segreta del Parlamento di Vienna (24 luglio 1918), fu definita dall'allora Ministro della Difesa come: "la più grande offensiva dell'esercito austro-ungarico per impiego di truppe e disponibilità di mezzi". Le armate austriache avevano perso complessivamente 118.042 uomini, contro 85.620 uomini appartenenti alle armate italiane, e ai corpi inglese e francese.

INDICE

▲ Squadra di assaltatori austriaci

FRONTE ITALIANO – ALTOPIANO DI ASIAGO 1918

INTRODUZIONE

Durante la Grande Guerra sul fronte italiano, i due avversari, Italia ed Austria-Ungheria, si avvalsero spesso del supporto dei propri alleati. Nei primi due anni di guerra il fenomeno si limitava alla presenza di consulenti militari o di unità tecniche ed operative (es. batterie di artiglieria). Nel 1917 il fenomeno aumentò di dimensioni grazie all'invio di veri e propri contingenti armati, autonomi, in occasione delle operazioni autunnali, per continuare poi a tutto il 1918, almeno per quanto riguardava l'Intesa.

In occasione della cosiddetta offensiva di Caporetto, un'intera armata germanica affiancava gli austriaci sul fronte isontino, riuscendo determinante nello sfondamento di Plezzo e Tolmino. La ritirata degli italiani ed il timore di un disastro militare rendevano allora necessari numerosi inviti, rivolti agli alleati, per un intervento diretto di sostegno. A tali inviti risposero, con cautela, francesi ed inglesi, inviando due armate di appoggio che, gradualmente ed a tappe, presero contatto con la linea del fronte soltanto il 4 dicembre 1917, quando l'avanzata austrotedesca era già stata arrestata sul Grappa e sul Piave. In tale contingenza, il nuovo fronte italiano, fu testimone di una vera e propria guerra europea, stante la presenza delle nazioni citate e delle molteplici etnie che componevano i quadri asburgici. La 14ª armata tedesca agiva nella parte orientale del massiccio del Grappa, fronteggiando i francesi schierati tra il Montello e il monte Tomba. Gli inglesi invece furono dislocati sul Montello.

Nel 1918 tutte le truppe germaniche furono ritirate a scaglioni dal fronte italiane, mentre inglesi e francesi rimasero in linea, spostandosi in primavera ed estate sull'altopiano di Asiago, nella zona di Cesuna (inglesi) e di cima Echar (francesi).

Nell'occasione tali truppe furono determinanti nel fronteggiare l'ultimo violento attacco austriaco del giugno 1918. In autunno parte del contingente fu spostato sul Piave (Grave di Papadopoli) concorrendo allo sfondamento decisivo conosciuto come battaglia di Vittorio Veneto. In quel tempo, marciò nei territori riconquistati anche un singolo reggimento americano.

▲ L'esperienza di guerra dei padri di Margaret e Jack Mitchell. Foto del battaglione a Vicenza, Italia 1918

L'ARRIVO DEGLI ALLEATI IN ITALIA

Nel tardo autunno del 1917, anche la popolazione civile iniziò ad avere la percezione della presenza di truppe straniere alleate sul territorio nazionale. Una dettagliata consultazione dell'archivio storico comunale di un paese delle retrovie ha permesso di ricostruire l'arrivo della truppa e la loro permanenza nell'area di retrovia, nonché di verificare quale fu l'impatti sulla popolazione residente.

Il paese citato è Valdagno, in provincia di Vicenza, situato a 10 km da Recoaro, la testata della valle dell'Agno, nel cui territorio comunale aveva inizio la cosiddetta linea delle operazioni, ovvero il confine tra territorio di guerra (soggetto al diritto bellico) e la retrovia (soggetto ancora anche alla giurisdizione civile). Lì, proprio nel bel mezzo della linea di demarcazione, si ergeva il fabbricato industriale che qualificava il paese, l'industria tessile dei Marzotto, grande fornitrice di tessuti per l'esercito Nel caotico novembre 1917 Valdagno fu, quindi, testimone di un'altra presenza eccezionale. Nell'ambito degli aiuti alleati, inviati in seguito all'attacco austriaco e tedesco nel Veneto, truppe inglesi e francesi erano scese dalle Alpi francesi, attendandosi prima tra Brescia ed il lago di Garda per poi avvicinarsi al fronte, pronte ad intervenire al bisogno. L'intervento, per altro, non si rese necessario né mai fu urgente, in quanto la cosiddetta battaglia d'arresto (Melette, Tre Monti, Grappa e Piave) fu gestita completamente e felicemente dalle sole truppe italiane, dopo aver superato alcuni seri rovesci iniziali. Questo va sottolineato per amore della verità storica, troppo spesso alterata dall'attribuzione di meriti eccessivi e talora inesistenti, soprattutto da parte della storiografia britannica.

A metà novembre, dunque, ossia verso il 19, le truppe alleate presero possesso della vallata dell'Agno, luogo di retrovia ideale per intervenire prontamente, in caso di emergenza bellica, sui vicini campi di battaglia vicentini. I francesi avevano avuto l'incarico (dal 16.11.17) di guarnire la linea di massima resistenza sul tratto che, partendo da Valdagno (passo dello Zovo) raggiungeva, in sequenza, Monte di Malo, Priabona, Isola, Costabissara, Gambugliano, Sovizzo e Vicenza, seguendo il profilo dei colli che limitavano ad est la valle e di contrattaccare in caso di discesa degli austriaci, dalla Valdastico, dall'altopiano di Asiago o dal Grappa, giù sino alla pianura.[1] Parte delle truppe transalpine, tre divisioni su cinque, si accantonarono per un breve periodo nei territori comunali di Creazzo, Trissino, Brogliano e Valdagno. Valdagno conobbe allora le avanguardie dei *"poilus"* francesi con i caratteristici cappottoni invernali azzurrini, imparando ad apprezzare i colleghi alpini d'oltralpe,[2] denominati Chasseurs des Alpes (cacciatori delle Alpi dal copricapo a baschetto), disperdendoli su tutto il territorio comunale e mandandone parte nel territorio del limitrofo comune di Novale, oggi parte integrata al comune di Valdagno.[3]

Sembra che tra civili, militari italiani e cugini transalpini si verificassero esagerate fraternizzazioni in libera allegria e libagioni, tanto che il comando militare francese, il 14.11.17, ordinava al titolare della fabbrica tessile, Gaetano Marzotto, allora Sindaco, di disporre affinché nelle osterie del paese, nei caffè e nelle trattorie i soldati francesi fossero serviti soltanto dalle 10 alle 13 e dalle 17 alle 20.30, in cibo ma, soprattutto di bevande.[4] Strane osterie, diceva nel suo diario un fante transalpino, dove tutto era simile alla Francia tranne che per i cartelli appesi ai muri dove c'era scritto: "Vietato sputare per terra" e, sotto, "la persona educata non bestemmia".[5]

Curiose poi erano alcune impressioni dei soldati alleati, arrivati nel Veneto a battaglia d'arresto in pieno svolgimento sul Grappa e sul Piave. I francesi, che avevano minori difficoltà linguistiche rispetto ai britannici, riuscivano ad esprimere concetti basilari di vita comune, quali "vino blonco" e "segnorina" (le storpiature, citati nella diaristica, sono dovute alla pronuncia); gli inglesi, invece, conoscevano a malapena tre parole in italiano, cimentandosi arduamente ad intepretare il dialetto locale, alle prese con una popolazione che non parlava Italiano. Pare che la parola più in voga tra gli inglesi fosse: "niente". I francesi erano stupiti dal fatto che, tra le autorità non ufficiali dei paesi, in pratica tra le persone alle quali ci si poteva rivolgere per ottenere di tutto, ci fossero cappellani e parroci; gli inglesi si meravigliavano, ovviamente, che autorità formali ed informali del paese non conoscessero la loro nobile lingua.

Tuttavia, alla fine del mese di novembre, migliorata la situazione sul Grappa, l'intero contingente francese fu spostato più avanti, nei paraggi di Bassano per organizzare le nuove linee tra Monfenera e il Montello; rimase più indietro soltanto il loro XXXI corpo d'armata, accantonato nella zona pianeggiante tra Malo, Isola, Costabissara e Vicenza. Pare che, da bravi latini, molti se ne fossero andati senza pagare i conti al motto di "C'est la guerre!" [6]

I BRITANNICI SUL FRONTE VICENTINO

A Valdagno gli Inglesi arrivarono in massa soltanto nel 1918; di questo parleremo più avanti. Dopo la cessazione delle ostilità, dovuta all'esaurimento della spinta del contingente austro-tedesco, parte dell'armata britannica prese contatto con il fronte del Piave, al Montello, senza subire particolari fastidi da parte del nemico. Con il 1918 arrivò anche l'ora della necessaria riscossa alleata, iniziata in febbraio dall'operazione italiana sui Tre Monti (Col del Rosso, Valbella ed Ecchele ad est di Gallio sull'altopiano di Asiago) e proseguita con le progettate operazioni estive.

Durante la primavera del 1918, una buona metà del contingente anglo-francese rientrò sul fronte occidentale in Francia. Là fu affiancato da un corpo d'armata italiano per dimostrare che la presenza di truppe alleate sui diversi fronti, ora non era più un caso d'emergenza, bensì una normale collaborazione tra nazioni in guerra. Chi rimase sul fronte vicentino, fu avviato a scaglioni sull'altopiano dei Sette Comuni (ai più noto con il nome di Asiago), i francesi ad est ed i britannici in posizione centrale, davanti al paese di Cesuna.

Parleremo qui proprio di quest'ultimi nostri alleati, gli inglesi, giunti dall'inferno della Somme in una linea "di montagna" a loro dire "molto tranquilla, quasi noiosa", non senza quell'aria di sufficienza che contraddistingueva chi aveva fatto un anno di guerra in più e chi reputava di recare con se migliori tradizioni militari rispetto ai "nativi" (testualmente Natives) locali.

Ma quali erano le truppe britanniche schierate sull'altopiano? Per rispondere alla domanda esaurientemente, va prima fatta una breve premessa sull'organizzazione e sul reclutamento in atto all'epoca.

Brevi cenni sull'esercito britannico e sulle unità impiegate in Italia nel 1918

Il nuovo esercito britannico, che spesso è anche indicato come "Kitchener's Army", fu inizialmente costituito da volontari, arruolati nel 1914 allo scoppio della guerra. Il nomignolo derivava dal fatto che l'armata fu organizzata dall'allora Segretario di Stato per la Guerra, Horatio Kitchener.

La Kitchener's Army della Grande Guerra rappresentò un vero e proprio punto cardine della storia militare britannica; per la prima volta, infatti, un'intera nazione ed un intero popolo diresse i propri sforzi alla creazione di una grande massa militare di terra che doveva combattere con o contro altre forze europee, con la Royal Navy relegata in posizione secondaria. Kitchener, uno dei pochi ad aver previsto una guerra lunga e dispendiosa, determinò la riorganizzazione dell'esercito soprattutto dopo le prime, gravi perdite del 1914, quando i pochi [7] soldati inglesi superstiti dell'originale British Expeditionary Force (BEF) in Francia non erano più in grado di garantire una forza efficace ad un armata che si basava soltanto sul reclutamento dei volontari.

In Inghilterra (Regno Unito) c'era un esercito Regolare, che combatteva anche all'estero, ed uno Territoriale (Home army) assegnato alla difesa del suolo patrio. Presso ambedue gli eserciti vigeva l'arruolamento dei volontari.

Kitchener rifiutò di utilizzare le forze della Territorial Army sia per rimpiazzare le perdite dell'esercito regolare, sia come base per la New Army che stava progettando. Molti soldati del Territoriale, diceva, si sono arruolati volontari solo perché volevano difendere le proprie case. Nel primo periodo bellico, inoltre, l'esercito Territoriale non era assolutamente pronto a rinforzare l'armata regolare, mancando di equipaggiamenti aggiornati e, in particolare, di artiglieria.

Fino al 1917 la distinzione tra i due tipi di servizio rimase, grossomodo, immutata. Chi si arruolava nella New Army entrava a far parte di un battaglione "figlio" di un reggimento dell'esercito regolare ed assumeva così la denominazione: "N° z battaglione di Servizio del reggimento xy" ovvero se si trattava, ad esempio, del 7° battaglione arruolato dal deposito del reggimento "Royal Regiment of Fusiliers" prendeva il titolo di "7th Service battalion Royal Regiment of Fusiliers". Dal 1908 in poi, ogni reggimento aveva anche un certo numero di battaglioni territoriali, che portavano in genere numeri da 4 a 9, e che, fino a che gli eventi bellici lo permisero, rimanevano in Inghilterra. Nell'armata territoriale poi, esistevano anche battaglioni di prima linea e di seconda linea (solo all'inizio dotati di personale più anziano o fisicamente scadente) tanto che ogni battaglione (che oggi definiremmo come della Riserva) poteva generare un proprio gemello (e persino un terzo a fine guerra). Ad esempio il citato "7th Service battalion Royal Regiment of Fusiliers" generava un'unità gemella di seconda linea originando il "1/7th Service battalion Royal Regiment of Fusiliers ed il 2/7th Service battalion Royal Regiment of Fusiliers". In effetti, nel corso della guerra, i reggimenti britannici divennero forti come Divisioni per numero di arruolati e comunque raramente i diversi battaglioni ebbero a combattere insieme. [8]

All'inizio (1914) tutto l'esercito era costituito da personale volontario. Le code ai centri di reclutamento erano talmente lunghe che si dovette ricorrere a raddoppio degli uffici di leva. Furono organizzati addirittura dei *Pal's battalions* formati da persone che si arruolavano grazie alla promessa che sarebbero rimasti uniti ai propri amici, vicini di casa e colleghi di lavoro (Pals per l'appunto), invece di essere divisi e sparsi nell'armata assieme alle altre reclute. Questi due milioni e mezzo di uomini che si arruolarono nella New Army ebbero a creare non pochi problemi di equipaggiamento all'Erario Reale, sbilanciando irrimediabilmente il debito pubblico della Corona. Kitchener morì nel 1916, ma il suo programma proseguì senza arresti.

Dopo la carneficina della Somme (estate 1916), tuttavia, le code ai centri di reclutamento si erano parecchio assottigliate e pochi dimostravano un qualche entusiasmo per una guerra così drammatica. Anche l'Impero Britannico, perciò, fu costretto, suo malgrado, a ricorrere alla leva ed alla coscrizione obbligatoria. [9] I primi coscritti inglesi arrivarono in linea a fine 1916 e già a metà del 1917 il rapporto tra volontari e coscritti iniziò ad invertire la sua entità arrivando al 50 % a fine conflitto. [10]

Dal 1917, ma soprattutto agli inizi del 1918, la carenza di effettivi nell'esercito britannici si fece via via più drammatica. Le divisioni di fanteria ridussero i propri battaglioni da 12 a 9 (su tre brigate) ed i soldati rimasti in soprannumero andarono a rafforzare le unità regolari di linea. Anche l'esercito territoriale fu chiamato a concorrere alle nuove esigenze belliche. Man mano che i battaglioni di prima linea erano autorizzati a servire oltremare (al fronte e nelle guarnigioni delle colonie) nelle divisioni territoriali di prima linea, si creavano nuovi battaglioni di seconda linea e così via, arrivando ad impiegare al fronte anche battaglioni e divisioni di seconda linea. Così anche l'esercito territoriale perse nel tempo la sua caratteristica di servizio in Patria sino ad incorporare ampie quote di coscritti della New Army. I soldati dell'esercito Territoriale erano chiamati "Terriers" ma, comunemente, erano definiti come Soldati del Sabato Sera (*Saturday's Night Soldiers*). In Patria il loro addestramento non era estremamente duro. Questi civili, arruolatisi volontariamente, si addestravano una o due sere la settimana, ma soprattutto nei week-ends, la sera del sabato concludendo l'addestramento con grandi bevute di birra; di qui il loro soprannome. Solo una volta all'anno, d'estate, erano costretti a presenziare ad una campo di addestramento estivo, dove per altro la vita era anche divertente. Va detto però che molti non fecero a tempo a completare l'addestramento e mancarono del tutto di frequentare i campi estivi.

La loro vera esperienza militare fu completata direttamente al fronte, diventando nel tempo dei veri veterani, del tutto simili ai loro colleghi dell'esercito regolare, ma conservando sempre la spensieratezza, un po' goliarda, del "soldato del sabato sera".

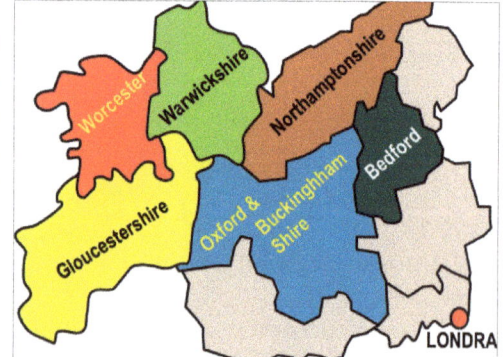

▲ Le regioni (contee) inglesi dalle quali proveniva il grosso della 48ª divisione britannica detta delle South Midlands.

Le unità britanniche sull'altopiano

La 23ª Divisione di fanteria. Una unità della New Army

La 23ª era una cosiddetta divisione K3. Al tempo in cui il volontariato militare era ancora numeroso, fu inviato al servizio attivo un terzo contingente di 100.000 uomini (K3 = Kitchener Terzo) che servì a formare sei nuove divisioni, organizzate in modo del tutto simile alle precedenti K1 e K2, come loro dipendenti del War Office. Queste divisioni, tuttavia, ricevettero solamente la numerazione di base, senza titoli aggiunti, e partirono per la Francia dopo l'agosto del 1915.

Questa divisione della Terza New Army si raccolse a Frensham, Hampshire, nel settembre 1914. Nei giorni 21-26 agosto 1915 la 23ª scendeva dalle navi a Boulogne marciando verso il fronte occidentale verso Tilques dove fu radunata. Essa prese parte alle seguenti operazioni:

L'attacco di Albert (prima fase della battaglia della Somme 1916) dove occupava il villaggio di Contalmaison. La battaglia di Bazentin (seconda fase della Somme 1916); l'attacco a Pozieres (terza fase della Somme 1916); la battaglia di Flers-Courcelette (sesta fase della Somme 1916); l'attacco di Morval (settima fase) e la battaglia di Le Transloy (ottava fase). Fu poi coinvolta nella dura battaglia di Messines e nelle azioni della terza battaglia di Ypres (Menin Road, Polygon Wood, 1ª e 2ª Passchendaele).

Il 23 ottobre 1917, ricevette ordini di prepararsi a muovere verso ignota destinazione. Il Comandante Supremo, Sir Douglas Haig, ispezionò la divisione a Leulinghem il 31 ottobre, e, dopo qualche giorno, iniziò il lungo viaggio in ferrovia verso l'Italia. Il 16 novembre 1917 completava la radunata tra Mantova e Marcaria. Il 4 dicembre dava il cambio, al Montello, alla 70ª divisione italiana. Nel 1918 fu ad Asiago e a Vittorio Veneto. Al momento dell'armistizio si trovava tra i fiumi Livenza e Meduna, ad est di Sacile. Iniziò a smobilitare a Vicenza e dintorni, e, a marzo 1919, era ridotta agli effettivi di pace. In guerra la divisione perse 23574 uomini tra morti, feriti e dispersi.

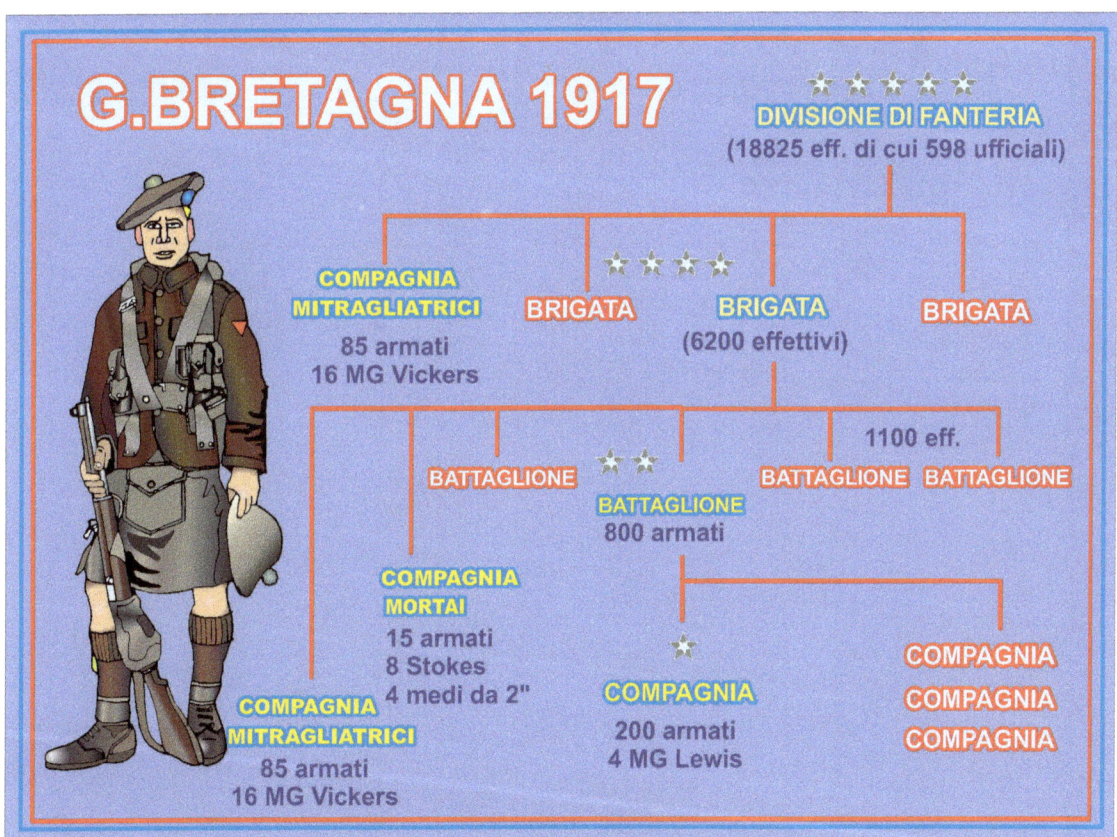

▲ Schema di divisione di fanteria britannica del 1917

La 48ª Divisione delle South Midland) . Una divisione Territoriale

La Divisione era una formazione creata dopo l'organizzazione della forza Territoriale nel 1908. Fu sul suolo francese a scaglioni dal 22 marzo al 1 aprile 1915, rimanendo sul fronte occidentale sino al 21 novembre 1917. Prese parte alle seguenti operazioni:

L'attacco di Albert (prima fase della battaglia della Somme 1916) dove tenne la linea tra la 56ª (Londra) e la 31ª Divisione, ambedue pesantemente coinvolte rispettivamente a Gommecourt e Serre. Due dei suoi battaglioni attaccarono il 1 luglio 1916, lamentando ingenti perdite.

La battaglia di Bazentin (seconda fase della Somme 1916); l'attacco a Pozieres e la battaglia dell'Ancre (terza fase della Somme 1916); Fu poi coinvolta nella battaglia di Langemarck e nelle azioni della terza battaglia di Ypres (Polygon Wood, Broodseinde e Poelcapelle). Anch'essa ricevette ordine di partire per l'Italia il 21 novembre 1917, e rimase lì sino alla fine della guerra. Nel 1918 prese posizione sull'altopiano di Asiago, combattendo la battaglia di giugno e terminando la guerra all'inseguimento degli austriaci in Trentino.

In riserva la 7ª Divisione della regular Army

Secondo Cyril Falls era: *"One of the greatest fighting formations Britain ever put into the field"*; ovvero una delle più brillanti unità britanniche combattenti. [11]

Sul fronte italiano rimase come unità di riserva. Fece il suo ingresso in linea soltanto in autunno prendendo parte a Vittorio Veneto. Alla fine raccolse in tutto ben 14 medaglie (Victoria Cross), distribuite tra i suoi effettivi. Dal 1914 al 1918, la Settima ebbe a lamentare 68000 perdite, tra morti, feriti o dispersi d'ogni tipo di grado.

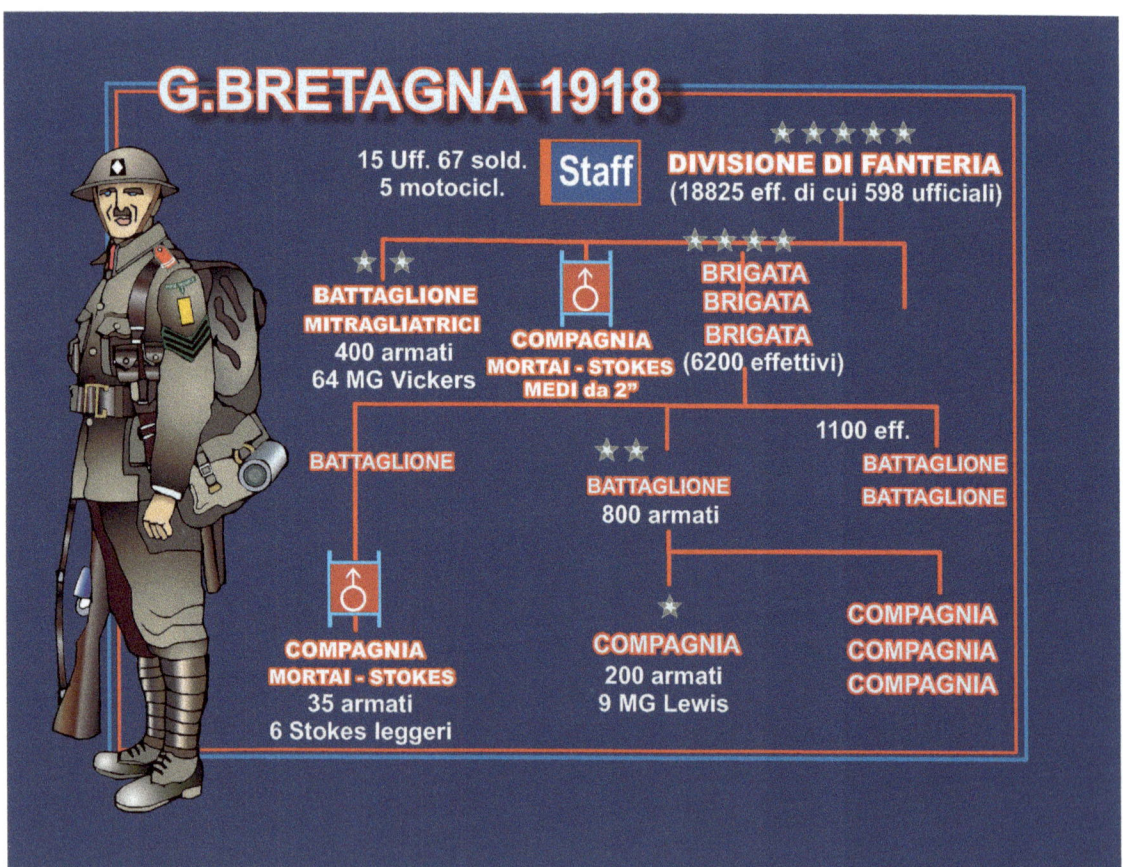

▲ Schema di divisione di fanteria britannica del 1918

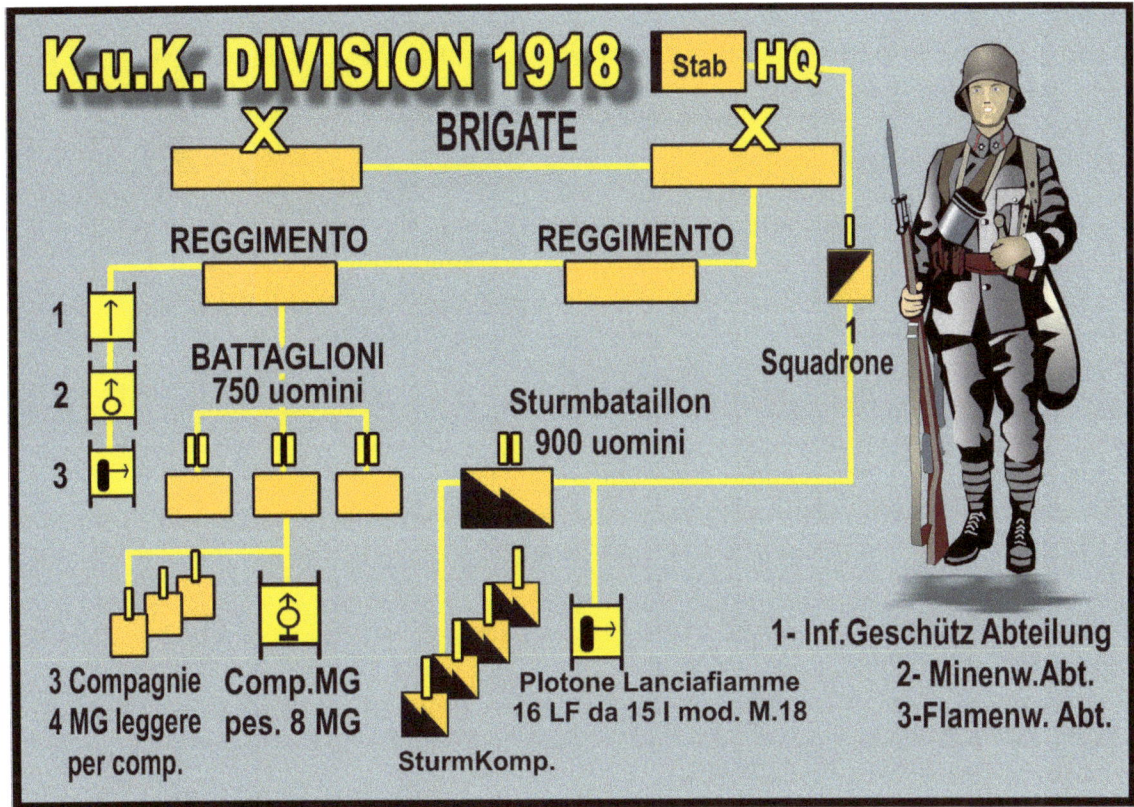

▲ Schema di divisione di fanteria britannica del 1918

Gli avversari

Fronteggiava il Corpo britannico il III Corpo d'armata (11ª armata) austro-ungarico, comandato dal Col. Generale Hugo Martiny von Malastow, delle cui quattro divisioni, almeno tre parteciparono alla battaglia del 15 giugno. La 6ª divisione di cavalleria, schierata di fronte a Rotzo aveva una disposizione decentrata rispetto all'attacco contro gli inglesi. Erano direttamente impegnate invece :
La 6ª divisione di fanteria (reggimenti 17°, 27°, 81° e 127°) schierata a Roana e la 52ª divisione (regg. 6° Bosnoerzegovese, 26°, 42°, 74°) schierati a Camporovere, Asiago con avamposti sino al Buso di Cesuna. Sulla sinistra di von Martiny stava il XIII Corpo d'armata del generale Friedrich Csanády von Békes che fronteggiava l'ala destra britannica con le divisioni:
38ª Honvéd ungherese (regg. 21°, 22°, 23°, 24° Honvéd) schierata ad Asiago nel settore est, di fronte al punto di contatto tra le truppe anglo-francesi;
16ª di fanteria (regg. 2°, 31°, 52°, 138°) schierata a Gallio.

IL CAMMINO VERSO LA BATTAGLIA

Gli Inglesi sull'altopiano: *le difficoltà logistiche*

Nei mesi di marzo ed aprile 1918, alcune divisioni britanniche lasciarono le posizioni del Montello, sul Piave, e, mentre la 5ª e la 41ª rientravano in Francia (assieme al comando e le truppe dipendenti del XI Corpo d'armata), le rimanenti tre divisioni erano assegnate al settore dell'altopiano dei Sette Comuni, in appoggio alle linee italiane. Il generale Plumer, comandante del corpo britannico, lasciava l'Italia il 10 marzo 1918 e cedeva il comando a Lord Cavan, comandante del XIV Corpo d'armata (divisioni 23ª, 48ª e 7ª).
La domanda d'impiego sull'altopiano arrivava direttamente da Plumer, che aveva già richiesto, al Co-

mando Supremo italiano, di tenere quelle posizioni già nel 1917. La richiesta era stata inizialmente rifiutata dal generale Diaz in ragione delle difficoltà logistiche da superare in piena avanzata austro-tedesca. Da febbraio 1918 le condizioni erano mutate ed il nuovo schieramento italiano aveva riorganizzato l'intero settore logistico, così da supplire anche ai fabbisogni alleati schierati in zone complesse dal punto di vista territoriale.

L'impiego sull'altopiano, ora, pareva assai più semplice dal punto di vista degli approvvigionamenti. Hugh Dalton, comandante di batteria inglese, così commentava nelle sue memorie:

▲ Accesso al cimitero britannico del Boscon sull'altopiano, foto autore.

"Il nostro sistema di trasporto, rifornimento e generi vari, per la truppa in linea poteva essere effettuato in ogni ora di giorno, come di notte, senza curarsi affatto, o quasi, della presenza del nemico."

Altri autori tuttavia non tardarono ad indicare che la guerra in montagna possedeva qualche difficoltà: *"Il sistema entrò quasi subito in difficoltà perché i camion da tre tonnellate, di dotazione standard, non erano adatti a percorrere le strade di montagna. Troppo larghi di telaio per passare in sicurezza alcuni punti ristretti, troppo lunghi e dotati di scarso raggio di sterzata per superare i tornanti stradali senza dover fare continue manovre, gli autocarri tendevano anche a surriscaldare i motori, spesso bloccandosi in panne. Con la neve, poi, e sul ghiaccio i nostri autisti, inesperti, erano in gravi difficoltà, rischiando non solo di finire sul prato, ma anche di precipitare in burroni di centinaia di piedi."*

Il generale Plumer aveva già ordinato, come misura preventiva, 2000 sacchi a pelo, 5000 paia di ramponi, 1000 paia di occhiali da sole e 1000 paia di occhialini da protezione (quelli a fessura usati dagli spaccapietre), ma si era dimenticato degli autocarri. Il problema fu superato ricorrendo ad autocarri ed autisti italiani, tuttavia tutto il sistema britannico entrava in crisi, ivi compresi gli animali da soma non avvezzi ai pesanti carichi in salita ed il dover ricorrere alle "strabilianti", per loro, teleferiche. Barnett, nella sua storia, così chiosava:

"La natura del terreno tuttavia era così totalmente diversa da qualsiasi altro da noi sperimentato in guerra che, molti di noi, entravano in uno stato continuo di ansietà, soprattutto chi era il responsabile dei rifornimenti divisionali di cibo, munizioni ed altri equipaggiamenti."

I britannici pertanto furono dotati di una quota extra di muli da soma e soprattutto di carrette GS leggere (a traino quadruplo), molto più agili in montagna. Ma anche così non mancarono gli intoppi. I muli erano utilizzati per il trasporto dal piano sino al monte (Granezza) e viceversa. Così pernottavano una volta in quota, al freddo, ed il giorno seguente in pianura (al caldo umido), finendo quasi tutti per ammalarsi più o meno gravemente. Senza contare infine che si presentava la necessità di portare anche il foraggio, assieme ai rifornimenti per la truppa.

La soluzione definitiva fu brillante. Le due divisioni in linea sull'altopiano furono rifornite tramite due linee ferroviarie (a scartamento ridotto o Decauville) a destra con partenza da Villaverla e a sinistra con partenza da Chiuppano. La divisione in riserva in pianura aveva la sua linea anch'essa partente da Chiuppano.

Da Chiuppano i rifornimenti arrivavano alle Rocchette (Piovene) per ferrovia, dove si smistavano i materiali (per la divisione di riserva) e dove partiva la cremagliera che portava in quota a Campiello, deposito della divisione di sinistra. Di qui i materiali partivano con le carrette o con i pochi Fiat 18BL messi a disposizione dall'esercito italiano. [12]

I rifornimenti alla divisione di destra erano portati con gli autocarri dalla testata ferroviaria sino

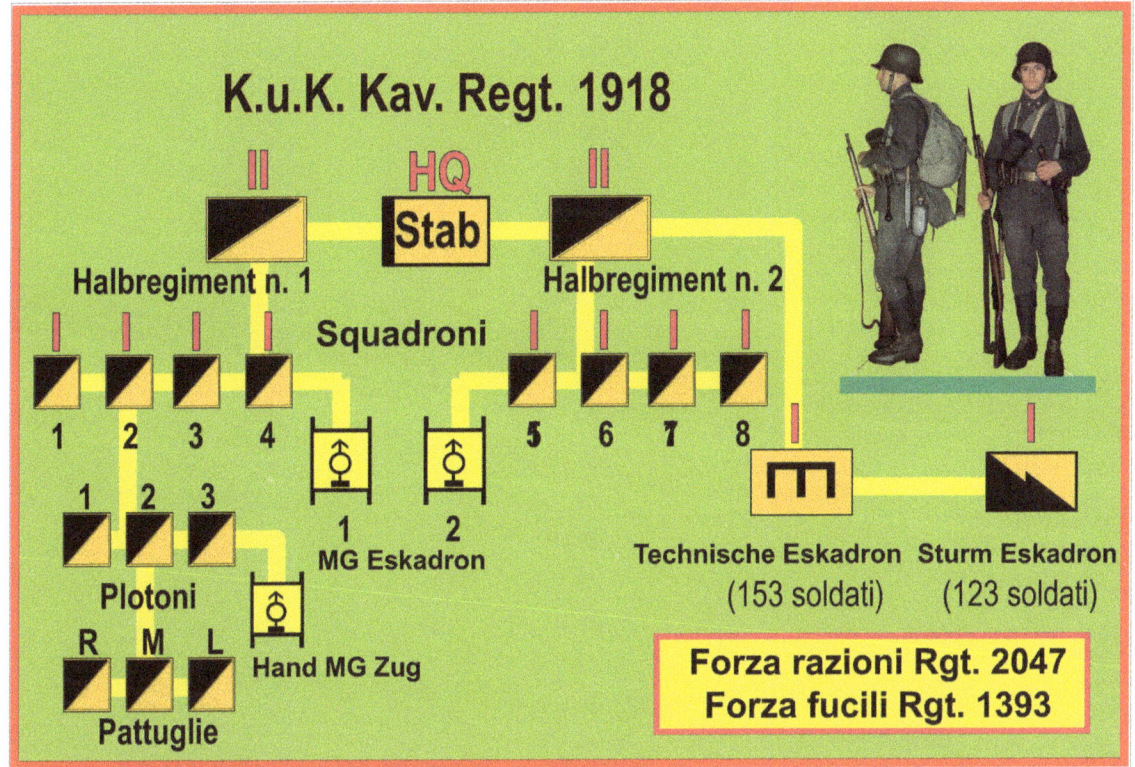

K.u.K. Kav. Regt. 1918

HQ Stab

Halbregiment n. 1   Halbregiment n. 2

Squadroni

1 2 3 4   5 6 7 8

1 2
MG Eskadron

Plotoni
1 2 3

R M L
Pattuglie

Hand MG Zug

Technische Eskadron   Sturm Eskadron
(153 soldati)   (123 soldati)

**Forza razioni Rgt. 2047
Forza fucili Rgt. 1393**

▲ Schema di un reggimento di cavalleria appiedata austroungarico

ai piedi dell'altopiano, a circa 8 km, e di qui salivano a Granezza sulle carrette GS o per colonne someggiate (la notte).

L'uso delle teleferiche, importante in montagna, qui diede luogo a qualche perplessità. Esse erano utilizzate soprattutto nel settore di Granezza. Barnett le descriveva come:

"cavi d'acciaio senza fine sospesi da tralicci dritti, distanti dalle 200 alle 300 iarde, che portavano piccoli contenitori piatti, sospesi al cavo ad intervalli di circa 100 piedi l'uno dall'altro e ciascuno capace di portare circa 400 libbre."

Le teleferiche non erano in grado di completare il tragitto in una singola tornata, a causa della scarsa potenza dei motori elettrici, e pertanto necessitavano di stazioni intermedie dove grosse squadre di operai provvedevano allo scarico ed al carico dei materiali sul successivo segmento.

Le teleferiche poi avevano altri punti deboli. I loro supporti di carico (detti dagli inglesi, "vassoi per il tè") possedevano scarse protezioni laterali, andando facilmente incontro a perdite di carico lungo il trasporto. C'era anche un problema di furti! I pendii meno erti, lungo la montagna, erano oltremodo popolati e molti civili si arrangiavano spogliando i carichi al loro passaggio, usando lunghi bastoni, soprattutto se il cavo sorvolava il tetto delle case. Infine va detto che le teleferiche erano un trasporto di Quartier generale e, pertanto, dovevano dare la precedenza all'artiglieria pesante e alle loro munizioni. Curiosamente, invece, il Corpo britannico non ebbe mai difficoltà di approvvigionamento idrico, grave inconveniente dell'altopiano, che fu un vero assillo per gli austro-ungarici. I Royal Engineers stesero, a tempo di record, una fitta rete di tubature che portavano l'acqua in quota, pompandola dal fiume Astico, che allora possedeva una discreta portata anche d'estate.

Gli Inglesi sull'altopiano: la marcia verso le linee

Nei primi mesi del 1918 britannici restati in Italia popolarono tutta la vallata dell'Agno con le loro truppe. Già il 1 aprile 1918, provenienti dalla zona di Quinto vicentino, erano arrivate le divisioni 7ª e 23ª ponendo il Quartier generale a Trissino, disperdendo tende ed alloggi tra Montecchio, Arzignano,

Cornedo, Brogliano e Castelgomberto, dove sei mesi prima avevano alloggiato i francesi. Secondo alcuni cronisti inglesi:

"*Era una valle meravigliosamente fertile. Circondata da colline ad est ed ovest era lunga circa 15 miglia, a nord due strade portavano verso Schio, Thiene e le montagne mentre a sud la valle si allargava e gradualmente si gettava nella pianura veneta. Trissino era un villaggio arroccato su una collina erta tanto da aver l'apparenza di un isola in mezzo a questa armoniosa vallata ... Il 9 aprile Sua Altezza Reale il duca di Connaught ispezionò la 144ª brigata. La rivista scorse senza intoppi anche se fu in qualche modo rovinata dagli aviatori italiani del vicino aerodromo di Castelgomberto, che insistettero a fare acrobazie circa venti piedi sopra le teste della truppa.*"

▲ Mappa dello sviluppo delle linee inglesi davanti a Cesuna nel 1918

Il soldato inglese, in generale, si era adattato bene al nuovo fronte apprezzandone l'aria fine di montagna e la relativa tranquillità. I loro ufficiali si impegnarono a fondo in corsi di formazione a favore del ristrutturato esercito italiano con notevole spirito di adattamento alle situazioni (molto più che i colleghi francesi). L'inglese, accantonato nei paesi, come curiosità generale riportata da tutta la memorialistica di guerra, era portato a non comprendere il profondo legame tra Chiesa e civili ed il potere del clero cattolico, accettandolo come fatto curioso ed utile (da sfruttare a seconda delle evenienze, celebrando le domeniche con parate militari eseguite prima dell'ora della S.S. Messa). Infine arrivò l'ordine di muovere verso l'Altopiano.

Il diario di guerra del 9° battaglione York & Lancasters offre una buona descrizione di come i britannici avvicinarono il nuovo fronte da presidiare: [13]

"**1-12 maggio 1918**: *il battaglione è acquartierato ad Arzignano. Per tutto questo periodo l'addestramento alla guerra in collina è stato intenso. Abbiamo affittato una grosso campo, opposto alla sede del Comando del 9° York & Lancaster regg., il colonnello D. S. Rumbolt del 9° ed il colonnello Watford dell'8° York & Lancaster hanno provveduto alla spesa. Ivi le compagnie si sono addestrate e, nelle pause, è stato praticato anche un lungo Battalion Sports Meeting. Tutti gli uomini sono stati riforniti, ed hanno fatto il bagno ai Bagni di brigata, due volte. Abbiamo soprattutto affinato la pratica di tiro con il moschetto ed abbiamo portato a termine un breve programma per esploratori, inclusivo di 5 notti per simulare operazioni notturne. C'era anche una discreta Recreation Room con giochi, concerti etc.*

*In particolare il **6 maggio** si fece una riuscita simulazione tattica con schemi di attacco e consolidamento sui pendii del monte Main ed il giorno **8 maggio** il capitano P. Shaw M.O., medico, fece un corso d'istruzione per i barellieri.*"

13 maggio: *il battaglione marcia su Castelgomberto, accampandosi sul suolo dell'aereoporto italiano. Partiti alle 4.25 del pomeriggio siamo arrivati alle 8.20 di sera.*"

14 maggio: *partenza alle 4.30 del mattino e marcia su Fontanelle (vicino a Santa Maria). Arrivo a mezzogiorno (12.15) e bivacco per la notte.*

15 maggio: *partenza alle 9.30 del mattino e marcia verso l'area di Mare. Arrivo alle 11.30 e bivacco sulla collina a nord di Lugo.*

16 maggio: *il battaglione si muove alle 9.15 per Granezza, percorrendo le mulattiere in salita sulla montagna, con arrivo al nuovo quartiere alle 3 del pomeriggio.*

17 maggio: *il battaglione dà il cambio in linea al 5° Royal Warwick Regt sul fronte di battaglione destro, sotto-settore di sinistra. Lasciamo Granezza alle 9.30 di mattina e completamento delle disposizioni alle 11.30, ovvero:*
Compagnia A linea del fronte destra
Comp. D " Centro"
Comp. C " Sinistra"
Comp. B " Appoggio"

12-25 maggio 1918: [14] *il battaglione va in linea. Nuove posizioni, scelte e costruite. Ogni notte invio di pattuglie – offensive e difensive; anche pattuglie di ricognizione. Prese molte e importanti informazioni sulla disposizione e sui lavori del nemico. Nonostante la continua attività il battaglione ha avuto la fortuna di non subire alcuna perdita. Verso la metà del mese si scatenava un'epidemia di febbre, che già aveva aggredito l'8° battaglione, diffondendosi rapidamente dal Quartier generale di battaglione, alle compagnie B e C, poi alla A e infine alla D.*
[15] *Senza mai essere pericolosa, la malattia, si manifestava con elevate puntate febbrili, che duravano dai due ai quattro giorni, seguiti da un periodo di astenia marcata di durata dai sei ai dieci giorni.*

*Pertanto sono stati organizzati accampamenti d'isolamento ed ogni capanna o baracca è stata disinfettata e disinfestata con i fumi. Alla fine del mese tutto rientrava nella normalità. Il giorno 15 del mese (**vedi nota 14**) la sorgente d'acqua, che aveva fornito acqua per le cucine e per lavare, fu trovata secca, ma l'Ufficio del Comando, immediatamente, costituiva sezioni di muli extra per il trasporto dell'acqua e così non vi fu alcun inconveniente.*

25 maggio: *il battaglione riceve il cambio dall'11° West Yorkshire. Lascia la linea alle 6 del pomeriggio per monte Cavalletto dove, alle 9.30 di sera, bivacca su postazioni italiane.*

26-27 maggio: *a monte Cavalletto. L'8° York & Lancaster consente l'uso dei propri bagni. Pulizia generale di equipaggiamenti, campo etc.*

28 maggio: *scendiamo a Mare, dove ci acquartieriamo alle 4 del pomeriggio.*

29 – 31 maggio: *provvisioni di retrovia. Addestramento al combattimento in collina etc. Fatta eccezione per la febbre descritta lo stato di salute del battaglione è ottimo. Riportato solo qualche caso isolato di Impetigine e Pustole.*

Il 9° battaglione York & Lancasters faceva parte della 70ª brigata (23ª divisione) e fu una delle unità di prima linea a subire l'attacco austriaco, in un settore decentrato, in collegamento con le truppe francesi.

Il campo di battaglia e la preparazione dell'attacco austro-ungarico

La disponibiltà di alcune divisioni, lasciate libere dal crollo del fronte russo dopo il trattato di Brest-Litovsk, marzo 1918, consentiva agli austro-ungarici di programmare un attacco decisivo contro l'Italia. Per il mese di giugno era stata prevista un'ampia manovra a tenaglia, le cui due branche esterne si sarebbero mosse ad Asiago (operazione Radetzky) e sul Piave (operazione Albrecht). I tedeschi, bloccati in trincea sul fronte occidentali, avevano sollecitato l'offensiva austriaca con il diretto intervento del comandante supremo Ludendorff.

Ad Asiago, il piano prevedeva di raggiungere i bastioni meridionali dell'altopiano, oltrepassando la linea dei boschi, al termine del primo giorno di attacchi. Simultaneamente si sarebbe occupato il monte Grappa ad est, portando successivamente l'avanzata in direzione di Treviso. L'Austria scendeva in campo con 47 divisioni di fanteria, 8 di cavalleria appiedata e circa 6800 pezzi di tutti i calibri. La Coalizione dell'Intesa possedeva 54 divisioni di fanteria, 4 di cavalleria e circa 7500 pezzi. L'offensiva fu preceduta da un attacco diversivo sul Tonale, il 13 di giugno, respinto dalle truppe italiane. Due giorni dopo scattava l'offensiva austriaca, che gli italiani battezzarono come "Battaglia del Solstizio", pur non essendo iniziata il giorno del Solstizio d'estate, e che molti austriaci battezzarono come "die Hunger

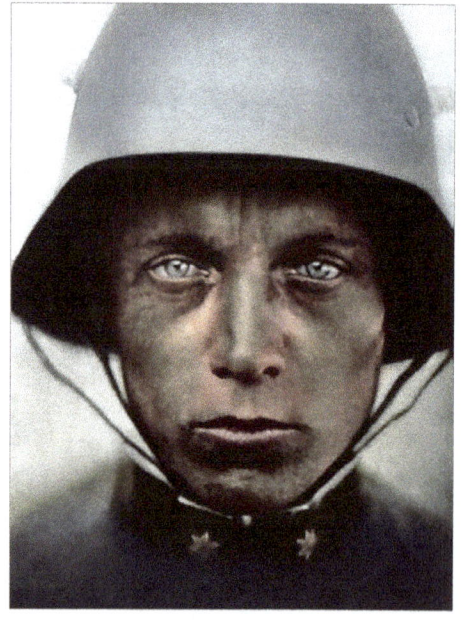

▲▶ Soldati degli sturmbattalion, qui sopra il taglio di filo spinato con una tranciatrice.

Offensive", ossia l'offensiva della fame, tanto misere apparivano le condizioni delle truppe attaccanti.

Il racconto della battaglia, qui, sarà limitato al settore centrale del fronte di Asiago, dove operava il contingente britannico, senza descrivere il complesso "dell'inutile" operazione, ma cercando di evidenziare alcune problematiche storico-miltari di assoluto interesse. E subito va fatta una premessa importante. Gli inglesi avevano programmato un attacco per il 18 giugno e, per tale motivo, quando subirono l'urto degli avversari, avevano a disposizione più artiglierie di quante ce ne sarebbero dovute essere in zona, comprese quelle pesanti della 7ª divisione che stava in riserva in pianura.

L'altopiano dei Sette Comuni (di Asiago) si trova a nord di Vicenza. Ambedue gli schieramenti lo giudicavano estremamente importante poiché la sua perdita avrebbe aperto all'Austria la strada verso la pianura, colpendo alle spalle il fronte del Piave. Da nord a sud l'altopiano in realtà era una continua discesa da picchi elevati, si appiattiva all'altezza di Asiago e Gallio, solcato tuttavia dal profondo dirupo della Val d'Assa, e ricominciava a salire, più dolcemente, dopo Cesuna e Foza, ad est, per precipitare definitivamente, a sud, sulla pianura vicentina. Al centro dello schieramento, dove il terreno, come detto, ricominciava a salire dolcemente, stava la "terra di nessuno" che presto cedeva il passo ad un intrico di fitte abetaie, luogo delle linee dell'Intesa. Gli austriaci, quindi, attaccavano in salita e contro postazioni ancora difese dal bosco, parzialmente abbattuto nel 1916, ma ancora denso e difficile da percorrere. La stessa "terra di nessuno" qui era particolarmente larga e complessa, ad ovest coincidente con la forra dell'Assa di fronte a Roana, ad est tagliata dalla profonda Val Frenzela, al centro meno accidentata, ma assai vasta, con il tratto più breve che misurava circa 800 metri, una distanza ragguardevole in guerra.

Il "Fronte dei boschi" era tenuto dalle divisioni 23ª (a destra di Cesuna e Canove) e dalla 48ª (di fronte a Cesuna) con le artiglierie divisionali (e quelle della 7ª divisione) molto vicine alle linee. Ciascuna delle due divisioni inglesi doveva difendere un tratto di terreno lungo circa 3700 m, basandosi sulle forze rimaste attive. La storiografia britannica poneva, infatti, un deciso accento sul fatto che l'influenza aveva indebolito la forza combattente; la 144ª brigata, ad esempio, dicevano avesse 70 uomini per compagnia invece dei 250 in dotazione. [16] Sappiamo però che l'epidemia di metà maggio era ormai cessata e che, se la situazione fosse stata realmente tale, nessun Comando britannico avrebbe progettato l'attacco del 18 giugno, la prevista operazione che aveva determinato l'impiego in linea dei cannoni della 7ª divisione. Sicuramente gli inglesi avevano ancora molti soldati convalescenti ed i casi di malattia, continuarono, in modo sporadico, sino a metà di giugno, ma questa non era l'unica causa della riduzione della forza (parecchi militari erano impegnati in corsi di addestramento al combattimento ravvicinato, ad esempio). Sicuramente, se avessero avuto la convinzione di poter subire un assalto di fanterie, qualche soldato in più sarebbe accorso in linea al momento giusto. La malattia influenzale ebbe un suo impatto sugli eventi, ma, oggi, appare alquanto superficiale il reiterato ricorso alla citazione del morbo, quale una delle cause principali (se non la prima) delle avversità subite, se si considera che nessun esercito conosceva, allora, la vaccinazione antinfluenzale, e tanto meno gli avversari austriaci.

▲ Schema generale della costituzione di una linea difensiva inglese nel 1918

"*7 giugno 1918: l'epidemia di Pyrexia* (**Influenza NdT**) *sembra continuare, ma oggi ci sono stati solo due casi al battaglione. Andiamo d'appoggio sul Lemerle*" **WO 95/4251 diario del 1°/1 Bucks batt.**

Italiani ed inglesi avevano già ricevuto ottimi rapporti dall'Intelligence sul prossimo attacco austro-ungarico ed avevano apprestato al meglio le difese. Gli italiani:

Rel. Ufficiale italiana DOCUMENTO N. 100 - STRALCIO NOTIZIARIO INTERROGAZIONI PRIGIONIERI E DISERTORI SULLA FRONTE DELLA 6ª ARMATA DAL 27 MAGGIO AL 14 GIUGNO 1918.

28 maggio - Un caporal maggiore disertore, di nazionalità romena, della 38ª Divisione Honved presentatosi alle nostre linee presso Permus con 4 soldati riferisce che corrono voci di una grande offensiva austriaca che dovrebbe essere lanciata verso la metà di giugno sugli Altipiani.

1 giugno - Un prigioniero di nazionalità rumena della 38ª Honved, catturato presso Ave, assicura che l'offensiva avrà inizio il 15 giugno.

2 giugno - Tre prigionieri di nazionalità rumena della 38ª Honved, catturati presso Ave confermano le voci di un'offensiva sugli Altipiani che avrebbe inizio il 15 giugno. [...]

12 giugno - Due disertori della 42ª Honved, presentatisi alle linee francesi affermano che l'offensiva avrà inizio verso il 15. Gli ultimi preparativi saranno terminati entro il 14 ed a mezzanotte avrà inizio la preparazione d'artiglieria con molti proietti a liquidi speciali.

14 giugno - Due disertori di nazionalità croata, della 42ª Honved presentatisi alle ore 6 alle nostre trincee di Costalunga confermano che l'attacco avrà luogo il mattino del 15. Inizio fuoco d'artiglieria ore 24 del 14 - ore 2 del 15."

Non si poteva certo affermare che lo spirito combattivo delle unità ungheresi, romene e slave fosse elevato, stante il continuo afflusso di disertori nelle linee dell'Intesa. Quanto ai britannici:

"**12 giugno 1918:** *Il battaglione è in linea. Presi alcuni prigionieri dalla compagnia C. Identificati come soldati della 23ª brigata Honvéd.*

▲ Uomini di uno sturmbattalion impegnati con una mitragliatrice Schwarzlose.

13 giugno 1918: *Il riposo delle compagnie è stato interrotto nel pomeriggio. Altri sette casi di Pyrexia di cui 5 inviati in ospedale. Un bel giorno, caldo. Pattuglie avviate avanti da ambedue le compagnie in linea. Tre sezioni mandate ad occupare Vaister. Scout di battaglione inviati ancora più avanti ad osservare le linee e le postazioni nemiche.*

14 giugno 1918: *giornata tranquilla, del tutto priva d'incidenti. Un plotone della compagnia A al crepuscolo ha occupato Vaister."* **WO 95/4251 diario del 1°/1 Bucks batt.**

L'avamposto di Vaister si trovava al centro dello schieramento, a ridosso dei reticolati austriaci, oltre il letto del torrente Ghelpac, dove un declivio dolce saliva verso le prime case di Canove. Era sicuramente un ottimo posto d'osservazione, collegato alla cosiddetta Signal House ad est di Roncalto, altro posto avanzato inglese. La sua occupazione alla vigilia dell'attacco denotava una notevole arditezza, ma pure una sconsiderata volontà di mantenere le posizioni avanzate durante il probabile cannoneggiamento nemico; questo accadeva mentre italiani e francesi davano disposizioni di portarsi sulle seconde linee di profondità ed attendere là la fine del bombardamento.

Come detto, sui monti dall'Astico al Piave, dalla Val d'Astico alla stretta di Fener, l'11ª armata austroungarica (6 Corpi d'armata con 21 Divisioni di fanteria e 3 di Cavalleria appiedata), comandata dal Col. Gen. Scheuchenstuel, fronteggiava le armate italiane 6ª (altopiano) e 4ª (del Grappa). Sede del Comando di armata: Levico.

Tale massiccia armata, ala orientale del Gruppo d'esercito Conrad, doveva, agendo dall'alto, svolgere un'azione principale contro le posizioni dell'Altopiano dei sette Comuni (6ª armata) ed un'azione concorrente alla prima contro le posizioni del Grappa (4ª armata). La massa di rottura era costituita dal XIII corpo, al centro dello schieramento, col compito di rompere il fronte nemico e puntare su Vicenza. Gli altri due Corpi d'armata avevano il compito di allargare la breccia e di proteggere i fianchi della massa di rottura attaccando: ad ovest in direzione di Schio, e ad est in direzione di Bassano.

Le colonne d'attacco, 8 Divisioni in prima linea formavano un fronte continuo ed unico da Canove di Sotto sino al Pizzo Razea con un fronte d'attacco di una quindicina di chilometri, corrispondente ai settori difesi dal XIV (inglesi), X (italiani) e XII (francesi) corpi della nostra 6ª armata. All'estremità destra e sinistra del fronte d'attacco doveva agire un velo di truppe, rispettivamente: alcuni reggimenti di cavalleria appiedata, davanti alla forra dell'Assa (settore difeso dalla 12ª divisione della 1ª armata) ed un reggimento di Schützen della 26ª divisione nel tratto orientale della val Frenzela (settore dell'ala sinistra del XX corpo italiano).

Il piano d'attacco austriaco prevedeva:

- Attacco del XIII corpo: settore centro-est dal Kaberlaba a monte Cavalletto, settore est da Campo Rossignolo sino in direzione di Lusiana.
- la 38ª divisione Honved, in stretta cooperazione col III corpo, doveva conquistare con una robusta ala destra il m. Kaberlaba e, successivamente, procedere lungo la sua principale direttrice per m. Raitertal sino a m. Cavalletto;
- la 16ª divisione doveva sfondare le posizioni francesi presso Pennar, conquistare il m. Sprunch e, successivamente, avanzare per m. Cimone e il m. Corno fino all'orlo sud della zona boscosa;
- la 42ª divisione Honved doveva avanzare con una forte ala destra, il più rapidamente possibile, per Turcio, lungo la Granezza di Gallio e per M. Mosca, mentre la sua ala sinistra, collegata col VI corpo, doveva dapprima dirigersi sul m. Nasa e, successivamente, a m. Rossignolo;
- la 5ª divisione e la 74ª divisione Honved costituivano riserva di Corpo d'armata.

Gli obiettivi da raggiungere con l'attacco erano:

- per le ore 9 - Kaberlaba - Sprunch - cima Eckar
- per le ore 13 - Cimone - m. Mosca.
- per le ore 15 - la linea marginale dell'Altopiano.

Azione dell'artiglieria: l'artiglieria del Corpo d'armata doveva, in particolare, nella fase di preparazione eseguiri tiri a gas sulle batterie italiane e, successivamente, distruggere le sistemazioni difensive di prima linea, specie nei tratti di prevista penetrazione. Avvenuta la penetrazione delle fanterie nelle linee avanzate, le batterie d'assalto e d'accompagnamento dovevano sostenere l'ulteriore avanzata delle fanterie.

Il III corpo di von Martiny, (ad ovest del XIII) aveva il compito di sfondare le posizioni di m. Cengio, m. Pau dando sicurezza al fianco occidentale del XIII corpo e, contemporaneamente, costringere le forze italiane che fronteggiavano il Corpo Edelweiss (10ª armata austriaca) a ripiegare per effetto della minaccia sul loro fianco.

La difesa del settore destro di Cesuna o zona di Granezza

I britannici rimasero propensi a credere che gli austro-ungarici avessero in animo di attaccare soltanto italiani e francesi e che le proprie posizioni potevano soltanto essere sottoposte a bombardamento, ma non attaccate. L'annotazione sull'occupazione di Vaister, di cui è stato già detto, rappresentava un segnale di questo atteggiamento. Era abbastanza comune, anche, che i britannici si fidassero soltanto della propria Intelligence e dei propri rapporti dal fronte, agendo spesso come un contingente autonomo anche se, come nel caso di Asiago, erano subordinati ad un comando d'armata italiano. Era un modo di proporsi tollerato, ma alquanto fastidioso, che, nel giugno 1918, pagò un grave dazio in vite umane.

I difensori di Cesuna, al massimo, arrivarono ad attuare alcune misure precauzionali: continuarono i preparativi per la loro offensiva, quella prevista per il 18 giugno, restando genericamente all'erta per la difesa delle proprie posizioni; il 12 giugno le brigate ricevettero istruzioni per l'invio di pattuglie di esploratori sino ai reticolati austriaci, allo scopo di osservare i movimenti del nemico e ricevettero rigide disposizioni per la difesa antigas. Ai loro fianchi, i britannici, mantennero collegamenti ravvicinati con i francesi di Pennar, mentre rimasero più elastici con gli italiani di sinistra, ritenendo imprendibili le posizioni sul dirupo dell'Assa.

A destra delle difese c'era la 23ª divisione (centro operativo: Granezza), mentre a sinistra stava la 48ª (centro operativo: malga Carriola); gran parte della 7ª divisione era ancora nei quartieri della valle dell'Agno, a tre giorni di marcia e soltanto l'artiglieria e due battaglioni erano in retrovia, con funzioni d'appoggio. Nell'ambito dei preparativi della propria offensiva, gli inglesi, avevano preparato un deposito di munizioni enorme ed avanzato in una località da loro detta Handley Cross, all'incrocio delle mulattiere della selletta del Lemerle, che portava dietro al Kaberlaba, con quella del Boscon che si spingeva indietro sino a malga Carriola.

A destra della 23ª britannica stava un'altra 23ª divisione, francese. Il XII corpo del generale Jean Graziani difendeva il territorio a partire dal capitello Pennar. Alla vigilia dell'attacco nemico, pensando che uno dei principali obiettivi austro-ungarici potesse essere la stradina della Barenthal, serrò in linea sul fianco inglese parte dell'altra sua divisione, la 24ª francese con battaglioni prelevati dai reggimenti di fanteria 50°, 108° e 126°. La 23ª divisione britannica (Magg.Generale Sir James Babington), difendeva un fronte di 5500 metri circa, schierando in linea le brigate 68ª e 70ª (la 69ª era di riserva) e aveva una linea di fronte poco presidiata (oltretutto molto del suo personale si trovava in retrovia non solo a causa dei postumi dell'influenza, ma anche a causa dei citati speciali corsi di addestramento).[17]

La prima linea consisteva in una trincea, Alhambra, che correva una trentina di metri prima della fine della foresta, dove il bosco si mutava in pascolo, un manufatto di tipo italiano scavato nella roccia, senza traverse e con qualche camminamento che portava a nidi di mitragliatrice. Tutto il groviglio dei reticolati era teso dentro la foresta, mentre dietro esisteva qualche camminamento che risaliva la china del bosco verso la retrovia. Sulla cresta della collina, detta Prinele, correva la seconda linea, la trincea Adelphi, circa 300 metri dietro la prima, cui era collegata anche da due trincee di comunicazione. A quel livello c'erano anche parecchi ricoveri.

La collinetta di San Sisto, il cuore centrale del dispositivi alleato, dove c'era la trincea Alhambra, era lunga circa 1 km ed elevata per 60 m sopra il livello dell'altopiano. Tra questa ed il paese di Asiago correva una linea di basse gobbe prative, da Villa Dal Brun per Guardinalti sino a Poslen, dove le macerie

▲ Un generale austriaco passa in rivista uomini di uno Sturmbataillon nella zona di Levico

delle poche e sparse case erano state trasformate in ridotte dagli austriaci. Come detto San Sisto era boschiva, dietro aveva un'ampia radura a pascolo attraversata da una mulattiera. Per arrivarci partendo dall'Alhambra si doveva scendere un pendio ripido ed accidentato.

Era, questa, l'estrema ala destra dello schieramento britannico, dove si era spiegato l'11° battaglione dei Sherwood Foresters, giunto in linea il giorno 11. Gli eredi della tradizione di Robin Hood avevano in linea due compagnie a forza ridotta (appena 100 uomini e metà degli ufficiali), che dovevano bastare a 900 metri di trincea, più un plotone assegnato alle guardie avanzate notturne ed agli avamposti: la compagnia D era comandata dal capitano Frith, la compagnia A dal capitano Brittain. Edward Harold Brittain era il fratello di Vera Mary Brittain, al tempo crocerossina. Alla loro memoria è collegata una della tante commoventi e tragiche storie di guerra connesse all'altopiano.[18] La compagnia B era in riserva alla trincea Adelphi, collegata a destra con i francesi ed a sinistra con l'8° batt. York & Lancasters, sulla dorsale.

Il comando della 70ª brigata (brigadiere L.H. Gorden), era alla linea di appoggio, in una postazione a sud est del Kaberlaba, con l'ordine di difendere un fronte di tre km circa con due battaglioni, a destra il citato 11° degli Sherwoods, a sinistra il 9° batt. York & Lancasters. Eventuali attacchi nemici in quel settore potevano partire solamente dalle ridotte di Sec, Villa Dal Brun ed Ave. Il 9° York & Lancasters difendeva una linea di circa 800 – 1200 (detta Criterion) che terminava davanti alle malghe di Poslen. Il battaglione aveva anch'esso due compagnie in linea e due in appoggio sui rovesci del Kaberlaba. La seconda linea sulla lunga Adelphi era qui mantenuta dall'8° batt. York & Lancasters e la riserva di brigata era costituita dall'8° KOYLI a Pria dell'Acqua, che doveva tener pronta la sua comp. A in caso di attacco.

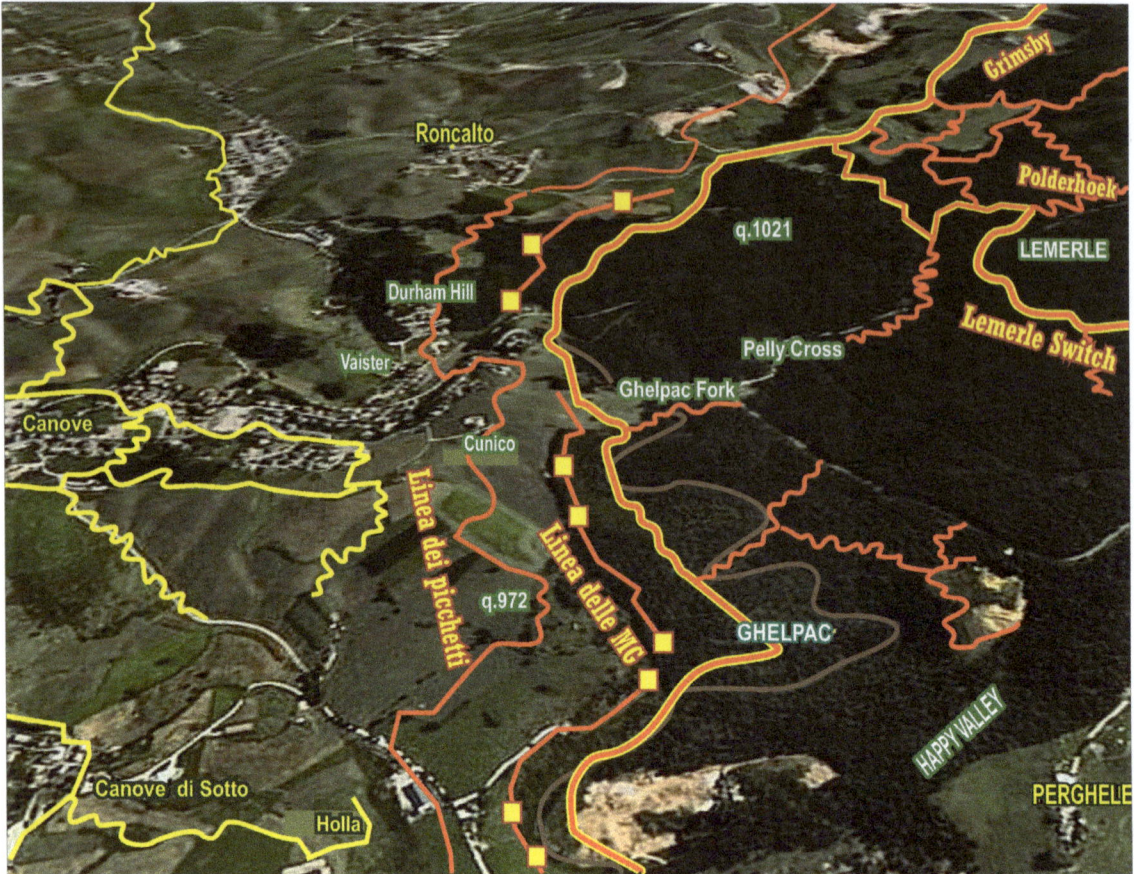

▲ Le linee del Lémerle viste dalla parte austriaca (gialla) con di fronte le linee inglesi (rosse) e la prima linea inglese (giallorossa).

11 giugno: *abbiamo dato il cambio all'8° batt. K.O.Y.L.I. nel settore di sinistra, fronte della brigata di destra. Il cambio è stato completato alle 8 di mattina. Per tutto il giorno e la notte c'è stata una pioggia torrenziale. Di notte abbiamo fatto uscire le pattuglie ad occupare gli avamposti.*

12 giugno: *lavoro di potenziamento delle trincee di linea e di quelle di appoggio.*

13 giugno : *il tempo è decisamente migliorato. Durante la notte una nostra pattuglia è stata attaccata a fucilate, bombe a mano e di mortaio dalla vicina postazione di Ave (sud) ed abbiamo perso un uomo.*

14 giugno : *si nota un aumento del reciproco fuoco di artiglieria per tutto il giorno. Di notte la linea degli avamposti è stata occupata dalle pattuglie.* **WO 95/4240 diario del 9° batt. York & Lancaster.**

Nel settore non si escludeva un possibile attacco da Ave, nonostante lo scetticismo del comando di Corpo, è così si decise di utilizzare le truppe di supporto in linea. Quattro sezioni mitragliatrici Vickers della comp. B del 23° battaglione divisionale entrarono in prima linea, mentre le restanti rimasero sulla dorsale in parecchie postazioni di riserva. La 70ª batteria leggera lanciamine aveva sei pezzi in zona, due sulla dorsale e quattro a copertura della linea avanzata, in postazione ai limiti della radura di San Sisto. La 23ª batteria lanciamine aveva organizzato le postazioni per i sei mortai da 6 pollici (lanciamine mobili Newton) sulla dorsale; un pezzo fu messo in posizione nella terra di nessuno, per appoggiare un eventuale raid notturno inglese su Ave. Quell'ardita posizione avanzata era stata approvata da un'ispezione dell'ufficiale di divisione per i lanciamine, accompagnato da un'istruttore della scuola mortai di Tezze Padovana. C'era anche parecchia artiglieria in posizione avanzata (per il probabile appoggio dell'attacco britannico). Alla radura stavano due pezzi da 18 libbre del gruppo destro della 102ª brigata RFA con riservette munizioni ed esplosivi immagazzinati nei pressi. Nel bosco di Prinele, a sud della radura, c'era anche una batteria bombarde italiana, la 268ª del 114° gruppo del maggiore Mario Ven den

XIII. Korps	Etnia %	Magiari	Rumeni	Tedeschi	Cechi	Sloveni	Croati
38. divisione honvéd	21. Regg.Fant. honvéd	54	42	3			
	22. Regg.Fant. honvéd	42	53		3		
	23. Regg.Fant. honvéd	34		5		58	
	24. Regg.Fant. honvéd	51	38	8			
16. Divisione fanteria	2. Regg.	50	32	10			
	31. Regg.	13	63	22			
	52. Regg.	67		22			
	138. Regg.	34	52	10			
52. divisione fanteria	26. Regg.Fant.	65		7		38	
	6. Regg.Bosnoerzegovese			4			96
	42. Regg.Fant.		Sudeti	84	16		
	74. Regg.Fant.			36	74		

▲ Composizione etnica delle truppe "ungheresi" impegnate nella battaglia contro il Corpo britannico ad Asiago nel 1918

Heuval. Tutta la zona pullulava di carrette, depositi, muli, uomini del Treno; un ghiotto bersaglio per i tiri di rappresaglia degli artiglieri dell'Imperatore.

La difesa del settore sinistro di Cesuna o zona di malga Carriola

Il settore sinistro dello schieramento britannico era difeso dalla 48ª divisione (South Midlands) e possedeva un fronte di circa 4 km e mezzo (in realtà 6 km, visto che le trincee seguivano le curve e gli avvallamenti del terreno). La divisione aveva due sue brigate davanti: la 143ª (Ten. col. Reynolds, comandante provvisorio) sulla sinistra di Cesuna, con un battaglione in linea sulla Cesuna Switch, e la 145ª (Col. brigadiere Sladen) sulla destra e di fronte al letto del torrente Ghelpac con due battaglioni in linea). La 144ª brigata (Ten.col. Tomkinson, anch'egli provvisorio) era la riserva di brigata a malga Carriola. Oltre alle già descritte assenze nella forza (malattie e corsi), la divisione, quindi, aveva due comandanti di brigata assenti e sostituiti da comandanti di battaglione. Va anche sottolineato il fatto che qui il terreno era molto più accidentato, presentando, oltre ai boschi di conifere, avvallamenti dai ripidi pendii, rocce e gobbe prative.

La 48ª delle South Midlands era comandata dal Magg. generale Sir Robert Fanshawe, uno di tre fratelli, tutti generali in servizio attivo nel 1918, detto curiosamente il "soldato del cioccolato", per l'abitudine di portare sempre con se un sacchetto di cioccolatini, che regolarmente distribuiva alla truppa che incontrava per strada. Quell'uomo con il sacchetto era sul punto di subire l'attacco di 17 battaglioni austriaci dei reggimenti 6°, 17°, 27°, 74°, 81° e 127° (divisioni austro-ungariche 6ª e 52ª).

L'andamento tortuoso del terreno aveva fatto sì che la prima linea, mantenuta quasi retta tra grandi difficoltà, di fatto inflettesse in una specie di grande cul-de-sac davanti a Cesuna, detta seconda linea, la cui organizzazione era stata abbandonata dagli italiani nel 1916, ritenendo, a ragione, di essere molto più protetti dalle linee sui monti attorno a Cesuna; Lemerle, Magnaboschi, Zovetto e Busibollo. Gli inglesi avevano mantenuto quella disposizione proiettata in avanti (tipicamente offensiva), trovandosi alla fine costretti a schierare gli avamposti di copertura molto a ridosso della trincea principale avversaria, poco prima dei reticolati. Ovviamente, la corvée notturna agli avamposti era compito alquanto sgradito, in quanto c'era un continuo rischio di subire il fuoco austriaco.

Il settore, tuttavia, presentava numerosi svantaggi anche a chi attaccava la linea britannica. La copertura offerta dalla valle di Canove e dalle vallette che affluivano al letto del Ghelpac (da nord a sud), già ampiamente sfruttata durante la Strafexpedition del 1916, era appena sufficiente a mascherare i gruppi d'assalto e le batterie leggere (lanciagranate) ma, di là, gli austro-ungarici dovevano attaccare in salita. I britannici, dopo aver analizzato l'offensiva del 1916, erano riusciti a rinforzare alcuni passaggi obbligati, dotandoli di blindature, sulla presunta direzione d'attacco: Cesuna, Carriola e Campiello. La necessità, tuttavia, di sfruttare la piccola rete di stradine anche per una propria offensiva, aveva determinato la necessità di rimuovere gran parte degli ostacoli e sbarramenti stradali, fatta eccezione per gli incroci e i passaggi citati.

La volontà offensiva dei due avversari è testimoniata da quanto accadde al capitano Eberle, un ufficiale territoriale del Genio. Pochi giorni prima dell'attacco austriaco, Eberle usciva in terra di nessuno con una pattuglia, armato di mappe per eseguire rilevamenti sulle possibili direttrici di attacco. Durante l'operazione scorse, a circa 200 metri, un ufficiale austriaco in compagnia di un ugual gruppetto di soldati, occupato in una evidente e del tutta analoga missione. L'avversario, che si era accorto della presenza avversaria, alzò un braccio in segno di saluto e poi le due pattuglie continuarono ciascuna il proprio compito.

La terra di nessuno possedeva anche due strade rotabili: la prima scendeva dalla stazione ferroviaria di Canove sino al Ghelpac, passava il torrente su un ponticello e arrivava al bivio Cesuna-Boscon (detto Ghelpac Fork); la seconda scendeva da Canove a Canove di sotto sino alla valletta di Holla e raggiungeva il torrente all'altezza della valletta di Perghele (detta Happy Valley), che s'incuneava dentro le

▲ Foto del capitano Edward Brittain

difese inglesi sino a raggiungere contrada Valle di Cesuna. Quest'ultima valletta era sicuramente il punto più critico della linea ed era già stata sfruttata dagli austriaci nel 1916 durante l'attacco di giugno. Uscendo da essa a sud si poteva imboccare direttamente la val Magnaboschi e tagliare tutto il settore del Lemerle alla selletta tra i due monti.

Le trincee di prima linea era protette da una rete di filo spinato, che in alcuni punti entrava nel letto del Ghelpac, normalmente asciutto nei mesi estivi. In molti punti della linea il pendio davanti alle trincee era talmente ripido che i difensori erano costretti a sporgersi dal parapetto per colpire che avanzava dal basso. I fitti boschi, inoltre, impedivano la visuale e permettevano alle pattuglie di avvicinare i reticolati senza essere avvistate. Dietro, a poca distanza, alcune cime montuose rendevano quei tratti di linea più forti.

A destra, la 145ª brigata, difendeva un fronte di 1500 m tutto mascherato dal bosco. Qui il 1/4° batt. dei "Bucks" (Oxford. & Buckinghamshire) aveva due compagnie in linea sulla trincea detta Pelly e due di riserva al quartier generale di battaglione. Il 1/5° "Glosters" (Gloucestershire) teneva la prima linea a sinistra, in un tratto oltremodo accidentato, ed aveva il 1/1° dei "Bucks" di rincalzo come appoggio immediato. Infine il 1/4° batt. Royal Berkshire era in riserva a malga Carriola. La linea degli avamposti si trovava, a destra, a quota 1002 ovvero l'ascesa della strada verso Canove, e a Vaister (pertinenza del batt. 1/4° Oxford. and Buckinghamshire) e a sinistra su quota 972 e sulla gobba di Cunico (pertinenza del batt. 1/5° Gloucestershire), mentre il comando di brigata era sulla dorsale meridionale del Lemerle. Il monte Lemerle, percorso da una trincea dorsale (Lemerle Switch), rappresentava ancora un difficile ostacolo, come nel 1916. La linea del monte si collegava a destra con il settore del Kaberlaba, mentre a sinistra si infletteva a sud, verso la testata della val Magnaboschi, originando una trincea parallela al suo costone, detta Polygon. Il sistema del Lemerle era collegato, ad ovest con la trincea di Cesuna (Cesuna Switch) tramite un camminamento fortificato e difeso da più ordini di reticolato, detta anche trincea Treviso. Quest'ultimo toccava villa Brunialti, si spingeva sino a Cà Traverso, dove già era parte del sistema Cesuna, e passava davanti a Perghele, toccando la prima linea nei pressi della Happy valley, con di fronte la ridotta austriaca di contrada Ambrosini.

Dietro il Lemerle si trovava il maggior centro logistico avanzato inglese, Handley Cross, sede della centrale telefonica e di numerosi depositi di rifornimento. Stava, in pratica all'incrocio tra la strada della selletta del Lemerle (Lemerle road) e quella del Boscon (Princess road) e di là partivano le importanti vie logistiche che portavano, ad est alla Pria dell'Acqua (Langabisa road) comunicazione diretta tra i settori italiano e francese e a sud (Cavan road) direttamente a malga Carriola, sede logistica divisionale. Ad Handley Cross si trovava anche un grosso deposito di proietti di artiglieria, cataste di colpi pronti per essere usati nella prevista offensiva inglese. Dietro Cesuna, infine, stavano i resti delle linee italiane del 1916, trincee provvisorie sullo Zovetto e più oltre, a sud, le line di contenimento di monte Ceramella e del Magnaboschi (ad est).

Il sistema difensivo di Cesuna, di sinistra, era invece difeso dalla 143ª brigata, schierata su circa 3 km e mezzo di linea, con il comando a quota 1152, la celebre collina dei granatieri del 1916. La prima linea (trincea Thinle) era occupata dal battaglione 1/5° "Warwicks" (Warwickshire). Gli altri "gemelli" del Warwickshire erano, il primo, 1/7°, riserva di divisione in val Magnaboschi; il secondo, 1/8°, era sparso sulle linee, una compagnia nel sistema di Cesuna, due al campo del Busibollo e al comando di brigata e una compagnie nelle trincee di terza linea di monte Ceramella, molto lontano dal fronte; il terzo, 1/6°, era in riserva a malga Carriola. Così a prima vista non sembrava una gran disposizione difensiva, per chi doveva aspettarsi un massiccio attacco nemico. La debolezza della prima linea, tuttavia, corrispondeva ad una più forte presenza sulle linee di cresta del 1916, nel settore Zovetto – Busibollo, dove si doveva fare difesa ad oltranza.

Sicuramente il fronte della 143ª brigata era un punto debole dello schieramento inglese con l'aggravante che quello era anche il punto di collegamento con il X corpo italiano di sinistra, una posizione da sempre critica, dal punto di vista militare e tattico.

▲ Le linee davanti a Cesuna fino al greto del Ghelpac con i nomi dati dagli Inglesi.

LA BATTAGLIA DI ASIAGO – L'ATTACCO AL CORPO BRITANNICO. 15 - 16 GIUGNO 1918

La vigilia della battaglia

Il mattino del 14 giugno, il generale Fanshawe convocava una conferenza al quartier generale di Corpo d'armata, informando i comandanti di divisione del "presunto" attacco austriaco imminente. Nel pomeriggio, in un breve e sbrigativo incontro, il generale dava analoghe informazioni ai comandanti di brigata e di battaglione, presso il campo di malga Carriola. La notizia fondamentale non riguardava l'attacco nemico, bensì la necessità di posporre l'offensiva alleata, indetta per il 18 giugno, per eseguire la quale erano stati fatti preparativi giunti in fase avanzata. A quel attacco in progetto era stato dato anche un pomposo e poco augurante nome in codice: "Dis aliter visum". [19]

Il generale diceva che, stando a fonti d'Intelligence italiane, l'attacco si sarebbe sferrato soprattutto contro l'ala destra alleata (i francesi del XII corpo e gli italiani del XIII sui tre Monti). I britannici, a suo dire, sarebbero stati bombardati con granate esplosive (HE) [20] e con i gas, ma non sarebbero stati attaccati dalle fanterie. In ogni caso vi fu un chiaro avvertimento a prestare attenzione e a preparare una difesa attiva (cioè che prevedeva eventuali contrattacchi). Purtroppo tutto il dispositivo britannico era piuttosto organizzato per appoggiare una propria offensiva, che per difendersi da un assalto. Basti dire che la linea di trincee più organizzata era quella degli avamposti, la più vicina al nemico, che al momento stava proteggendo i lavori di preparazione della "Dis aliter visum".

Una evidente testimonianza era lo schieramento delle artiglierie nella zona del fronte:

58ª batteria R.F.A. – 7ª divisione - Allegato al Diario di guerra del 3 luglio 1916 - Mappa di riferimento 1:25000 Asiago, 4ª edizione: [21]

(1) Situazione del 14/6/1918;

Il 13 giugno la 35ª brigata R.F.A. (meno la 25ª batteria, già in azione) è arrivata sull'altopiano per assistere la 48ª divisione in una operazione offensiva. La disposizione delle batterie il 14 giugno era la seguente:

12ª batteria: 4 pezzi in azione sul pendio nordoccidentale del Lemerle, circa 500 iarde est e sudest di Valle (sudest di Cesuna); tre pezzi erano operativi solo in caso di nostra offensiva. Gli altri due pezzi in officina.

58ª batteria: 5 pezzi a Carriola, in attesa di assumere la posizione offensiva di fronte ai nostri reticolati a nord di Pelly Cross; il grosso di ufficiali e serventi erano sul posto a preparare la postazione. Un pezzo in officina.

25ª batteria: in azione in posi-

▲ Schieramenti britannico e austroungarico il 15 Giugno 1918

zione difensiva a Prà Pelluco agli ordini della 241ᵃ brigata R.F.A. (48ᵃ divisione).

31ᵃ batteria: in azione in posizione difensiva allo sbocco sudovest della Val di Maso agli ordini della 240ᵃ brigata R.F.A. (48ᵃ divisione).

Quartier generale della 35ᵃ brigata R.F.A.: sulla strada Cesuna-Buco di Cesuna (strada del Ghelpac) circa a H 33-31, assegnata alla 48ᵃ divisione per la preparazione della citata offensiva.

La 35ᵃ brigata, pertanto, non aveva alcun ordine difensivo; due delle sue batterie erano state aggregate ai gruppi d'artiglieria della 48ᵃ divisione (batterie 25 e 31); una batteria (58) era inattiva, ma aveva il grosso degli ufficiali e delle truppa che stavano approntando le postazioni dei pezzi, oltre i reticolati, mentre i cannoni erano a Carriola; l'unica batteria a disposizione della brigata era la n. 12 schierata in una evidente postazione offensiva, di scarsa utilità nel caso di difesa, e del tutto esposta in caso d'attacco.

Le comunicazioni (telefoni) erano state apprestate con la 12ᵃ batteria; con il gruppo avanzato della 58ᵃ; con la 240ᵃ brigata R.F.A. (gruppo d'artiglieria destro della 48ᵃ div.); con la 241ᵃ brigata R.F.A. (gruppo sinistro della 48ᵃ div.); con il comando d'artiglieria della 48ᵃ div. (tramite il gruppo di destra); con il quartier generale del battaglione 1/5° Gloucesters che era a Buco di Cesuna.

(2) Avvisi di attacco

Nel pomeriggio del 14/6/1918 avvisi di un possibile attacco per il 15 furono ricevuti dal C.R.A. della 48ᵃ div., ma fu ritenuto che se ci fosse stato un attacco, questo sarebbe avvenuto più verso est.

Le linee S.O.S. presso Stella furono assegnate alla 12ᵃ batteria; la natura (offensiva) di quella posizione non avrebbe consentito alcun appoggio di fuoco sulla linea in caso di S.O.S. L'avviso di attacco fu inoltrato alla 12ᵃ batteria ed al gruppo avanzato della 58ᵃ, con particolare attenzione circa le precauzioni anti-gas.

Quasi tutto il personale della 58ᵃ batteria, quindi, stava lavorando davanti alla prima linea, oltre i reticolati, e dietro gli avamposti a nord di Pelly Cross per preparare le piazzole dei sei cannoni da utilizzare per l'attacco inglese. La stessa notizia dell'imminente attacco non aveva preoccupato più di tanto gli ufficiali. Anche in marzo 1918 era stata diffusa ufficialmente una notizia analoga, ma si trattò di un falso allarme.

"*17/6/18. Il 15 di giugno del 1918 è un giorno che ricorderemo per tutta la vita. La sera del 14, avemmo una notizia dalla brigata che diceva chela mattina dopo sarebbe iniziata un'offensiva austriaca. Era un messaggio piuttosto seccante ma, siccome in marzo c'era stato un precedente, falso, allarme, così, dopo aver controllato che tutto fosse pronto all'azione, tornammo alle consuete attività. Alla batteria c'era poco da fare. Rook era ai collegamenti, il maggiore ed io alla baracca della mensa.*"

1ᵃ South Midland /240 Bde RFA [TF] – novembre 1917 - 1919 – diario di guerra [22]

Un'altra batteria della stessa brigata campale, intanto, assumeva la posizione offensiva avanzata.

12 giugno: la C/240 entra in azione la sera, montando i propri pezzi ed occupando la postazione offensiva a nordest di Cesuna. Inizio azione alle

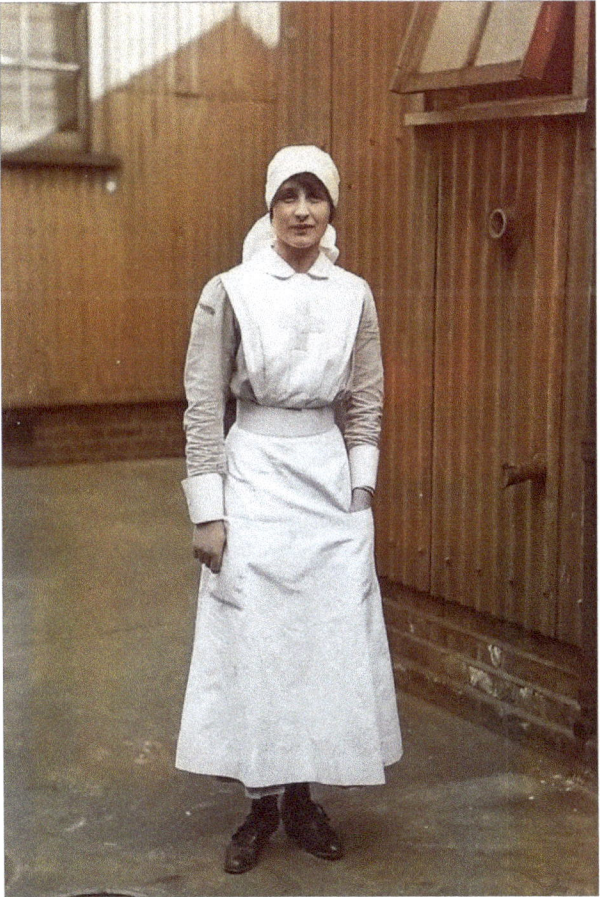

▲ Vera Mary Brittain (29 dicembre 1893 – 29 marzo 1970), sorella del capitano Edward fu una scrittrice inglese celebre, femminista e pacifista, ricordata per il suo bestseller del 1933 "Testament of Youth"

9.30 PM. Durante tutto il giorno forti piogge.

13 giugno: *nulla da riferire.*

14 giugno: *la 31ª batteria porta i pezzi in posizione in prossimità di Valle (ad est di Cesuna. NdT) ed il suo personale dà il cambio a quello della D/240. Si registra l'ordine che informa dell'attacco austriaco previsto per il giorno 15.* **WO95/2749 – Diario di guerra – 240ª batteria R.F.A. (I South Midland)** [23] **brigata della 48ª divisione**

La linea degli avamposti, come detto, era costantemente presidiata, soprattutto dai "picchetti" notturni. Anche la notte del 14, come le precedenti, un plotone di ciascuna compagnia di prima linea (compagnia di fronte) uscì dai reticolati sino a giungere a ridosso delle linea austriache. Per la precisione la linea dei "picchetti" era lievemente arretrata rispetto agli avamposti, dove si recavano le squadre di osservazione distaccate dai plotoni notturni. Il loro compito era anche quello di intercettare i raids nemici, e, in caso di attacco, di ritardare le avanzate retrocedendo sino alla linea delle mitragliatrici, un insieme di nidi avanzati, posto oltre i reticolati della posizione principale o prima linea. La linea delle mitragliatrici era difesa dalle sezioni del battaglione mitragliatrici Vickers (pesanti) della divisione. Tutte queste truppe avanzate avevano ordine di ripiegare subito dietro i reticolati in caso di minaccia di aggiramento.

Il sistema, su un terreno accidentato come la montagna e il bosco, era piuttosto ardito. Sia i plotoni esploratori, sia i mitraglieri di battaglione, infatti, rischiavano di restare isolati in caso di forte attacco nemico, e di finire prigionieri.

Il bombardamento notturno

La relazione ufficiale austriaca racconta che tutto il settore di Cesuna (XIII Corpo) era stato affidato al generalmajor von Reutter, comandante della 106ª brigata di artiglieria campale, incaricato

▲ Ritratto del comandante della 48ª div., generale Fanshawe

di spiegare ai subalterni la tattica del bombardamento. Il Corpo disponeva delle brigate di artiglieria campale n. 5, 16, 36, 38, 42, 74 e 106, dei reggimenti di artiglieria pesante n. 11, 25 e 59 e del reggimento di artiglieria da montagna Gebirgsartillerie n. 11. L'armata inoltre aveva messo a disposizione tre autocannoni da 15 cm, quattro obici motorizzati da 15 cm, sei mortai da 305 mm ed un obice da 420 mm. L'artiglieria aveva il compito di "colmare di gas il terreno delle batterie nemiche, poi di tirare a gas sulle postazioni difensive di prima linea e infine di distruggere le linee di raccordo". Nel momento in cui le fanterie fossero penetrate nella prima linea avversaria, un gruppo di batterie a tiro veloce, dette Sturm- und Begleitsbatterien avevano il compito di sostenere i soldati in avanzata.

Le batterie austriache furono divise in tre raggruppamenti: uno appoggiava, come detto, la fanteria all'assalto (Infanteriekampfgruppen), il secondo eseguiva i tiri a gas contro i cannoni nemici (Artilleriekampfgruppen) e il terzo era assegnato al bombardamento delle retrovie (Fernkampf-artilleriegruppen).

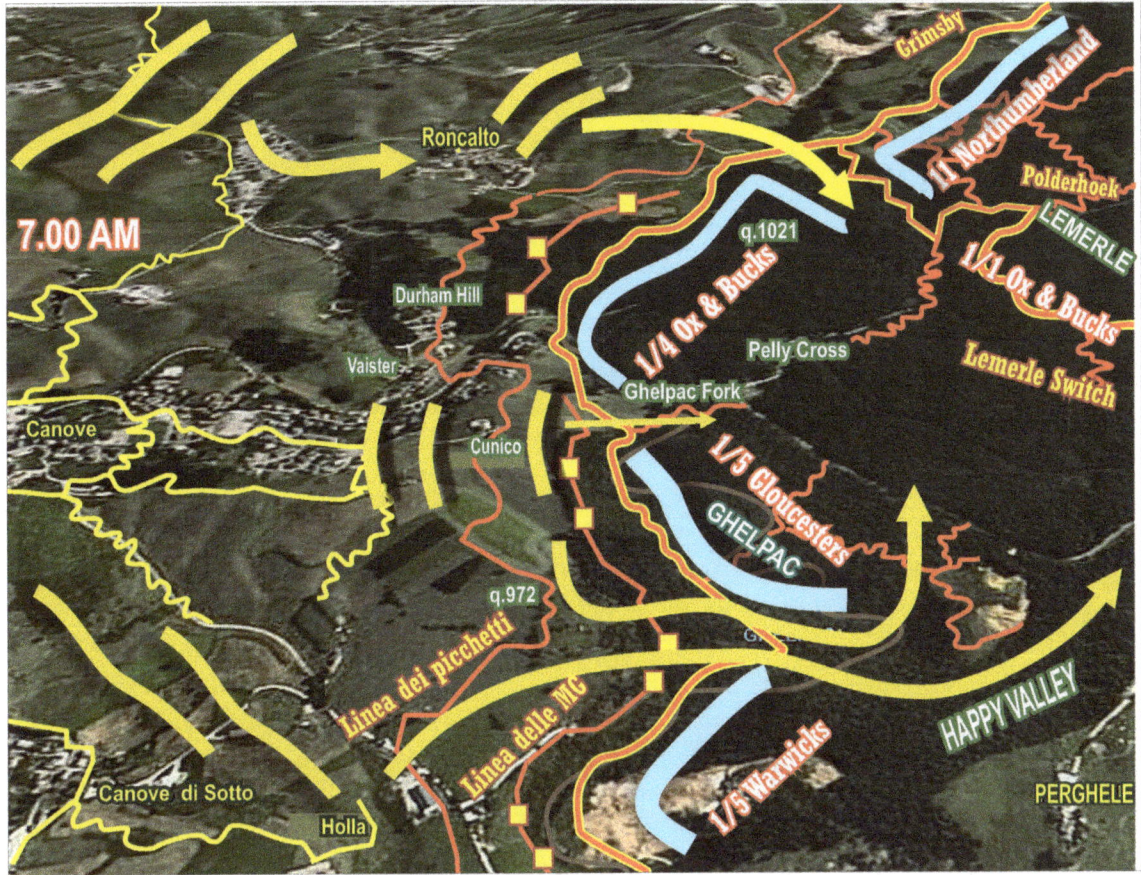

▲ Situazione alle ore 7 del 15 giugno sul fronte della 48ª divisione britannica.

Anche il III corpo di von Martiny (a sinistra del XIII) assunse lo stesso schieramento con: le brigate di artiglieria campale n. 2, 21, 22, 28, 52, il reggimento di artiglieria da fortezza n. 6 e il reggimento di artiglieria da montagna Gebirgsartillerie n. 10, più 4 autocannoni da 15 cm, 4 mortai da 305 mm, due mortai da 240 mm e due obici da 381 mm. All'estrema sinistra dello schieramento imperiale, davanti alle linea francesi e italiane, c'era il VI Corpo (o gruppo Kletter, dal suo comandante) con le brigate di artiglieria campale n. 6, 15, 18, 26, il reggimento di artiglieria da fortezza n. 3, il reggimento pesante da fortezza n. 45 e il reggimento di artiglieria da montagna Gebirgsartillerie n. 4, più 4 autocannoni da 15 cm, 4 mortai da 240 mm, 7 mortai da 305 mm e due obici da 420 mm.

La sinfonia mortale austro-ungarica iniziava alle 3 di notte del 15 giugno. Era l'attacco.

"Carriola 15 giugno: [...] *alle 3.00 AM il nemico iniziava un violento bombardamento sulla linea e lo estese, alle 4.30 AM, ai punti di approccio sino alla linea Marginale, bombardando anche villaggi come Piovene e Chiuppano."*
WO 95/4246 – 48ª Divisione – War Diary – battaglione mitragliatrici.

15 giugno: *alle 3.00 AM gli austriaci iniziano un pesante bombardamento con pezzi di ogni calibro, con granate HE, shrapnel e proietti a gas. Il fuoco è diretto su tutte le postazioni di artiglieria, sui punti d'approccio, valli e strade, così come sulla linea delle trincee.*

*Alle **3.30 AM** tutte le nostre batterie ordinano lo "Stand to".* [24] *Alle 3.35 riceviamo l'ordine dal comando divisionale di cominciare il tiro di "Contro preparazione" diretto oltre la linea degli avamposti. Alle 3.50 diramato alla C/240, alle 3.57 diramato alla D/240. Le due batterie rimangono in comunicazione soltanto con il comando di gruppo, ma, alle 5.00 AM, tutti i contatti sono persi.*
WO95/2749 – War Diary – 240ª (I South Midland) brigata

Nel settore più critico del fronte, al centro, l'inizio del bombardamento è riferito come anticipato di un quarto d'ora.

"Narrazione delle operazioni del 15/16 giugno (mappa di rif. Sartori 1:10000)

Il nemico inizia con un pesante bombardamento a gas alle 2.45 AM."

WO 95/4251– 145ª inf. brigade - battaglioni; 1/5° batt., the Gloucesters

Sulla destra dei "Glosters" l'inizio del concerto dei pezzi austriaci è anticipato da un colpo di mano che reca la notizia incontestabile dell'attacco. Ormai è tardi.

"15 giugno: 2.15 AM: il plotone di Vaister raggiunge l'avamposto nemico e cattura 1 prigioniero della 23ª Honvéd. Il prigioniero, a cenni e segni, informa su un imminente attacco che dovrebbe scatenarsi alle 3 di notte contro il settore B, con proietti a gas HE (high explosive. NdT). Il prigioniero è stato interrogato all'HQ di battaglione e poi trasferito in auto all'HQ di divisione. Prima di aver conferma di quelle dichiarazioni, alle 3.00 precise, inizia un pesante bombardamento a granate HE a gas contro il fronte e i settori di riserva/retrovia.

3.00 AM: il nemico inizia un barrage con proiettili a gas contro il nostro fronte, la zona delle riserve e anche contro le retrovie. Simultaneamente inizia un bombardamento della prima linea che include fuoco dei lanciamine, mitragliatrici e lanciafiamme. Sotto copertura   del cannoneggiamento, con il gas che stagna sui fondovalle, il nemico avanza ed occupa la nostra posizione 5E di quota 1002 (Bassastoc, a sud di Vaister. NdT). Subito, quel bombardamento, blocca i lavori della compagnia di fronte destra, dietro la linea, e costringe a ripegare sul fianco destro.*

4.17 AM: la comp. di fronte destra riferisce continui bombardamenti a gas."

WO 95/4251– 145ª inf. brigade - battaglioni; 1/4° batt. Oxfordshire e Buckinghamshire, the Ox & Bucks

"Alle 3.00 AM gli austriaci aprirono il fuoco e in due minuti l'aria fu piena di proiettili. Noi saltammo negli stivali di gomma ed io scivolai dentro i pantaloni con il pigiama addosso, presi l'elmetto e l'attrezzatura antigas, poi fummo tutti fuori alla batteria. Era una bruttissima passeggiata, 800 iarde di pendio ripido sotto una pioggia di granate – oltre a quelle esplosive, anche a gas. Dopo circa 100 iarde, saltò in aria una baracca che aveva una cisterna di carburante, a circa 300 iarde, e illuminò tutta la zona. Mezzi addormentati, con il gas che ci irritava la gola, arrancammo sulla china e arrivammo ai cannoni, completamente sfatti.

Già dai primi cinque minuti saltarono tutte le comunicazioni così che non avevamo la più pallida idea di cosa stava accadendo e che potevamo dare solo qualche rapida occhiata per vedere se c'erano razzi da S.O.S. Intanto,

▲ Pagina del diario della 58a batteria Royal Field Artillery sull'attacco del 15 giugno.

l'Unno, ci stava battendo con un pesante bombardamento su tutta l'area. Incroci e strade, ma senza particolari bersagli, sembravano i più sotto tiro e tutta la zona era un calderone gigantesco dove ribollivano tutti i calibri con assortimenti di granate ad alto esplosivo e a gas. Un bombardamento da queste parti è una cosa bestiale; oltre alle schegge di granate, arrivavano alberi, rami e pezzi di roccia che volavano intorno aumentando l'effetto delle esplosioni. Sopra l'altopiano stagnava una densa nebbia, che durò sino alle 10, tanto che riparammo nei rifugi tutti gli uomini, eccetto uno per pezzo, continuando a dare rapide occhiate per vedere se c'erano razzi da S.O.S. Il maggiore arrivò al posto osservatorio circa alle 7, ed era ancora impossibile vedere qualcosa." **1ª South Midland /240 Bde RFA [TF] – novembre 1917 - 1919 – diario di guerra**

Il temuto tiro a gas non ha avuto l'effetto sperato dagli aggressori sia per la scarsa efficacia e i difetti di fabbricazione dei proietti austriaci, la cui industria bellica versava in gravi difficoltà, sia per la presenza di tempo piovigginoso che abbatteva i gas a terra, sia per il contemporaneo uso di granate ad alto esplosivo, i cui scoppi disperdevano i gas. Il tiro contro le linee, fatto soprattutto con i lacrimogeni, invece, falliva a causa dell'ottimo respiratore inglese, un'eccellente protezione antigas.

"(3) Bombardamento *Alle 3.00 AM del 15 giugno iniziava un bombardamento pesante di tutti i calibri. La sua intensità fu considerevole ma non costante; sembrava comunque che ogni parte del fronte fosse battuta. Esso rimase assai vivace sino alle 8.00 AM quando iniziò ad allungare sulle alture del Lemerle. Ci furono notevoli misture di gas, ma soprattutto lacrimogeni."*

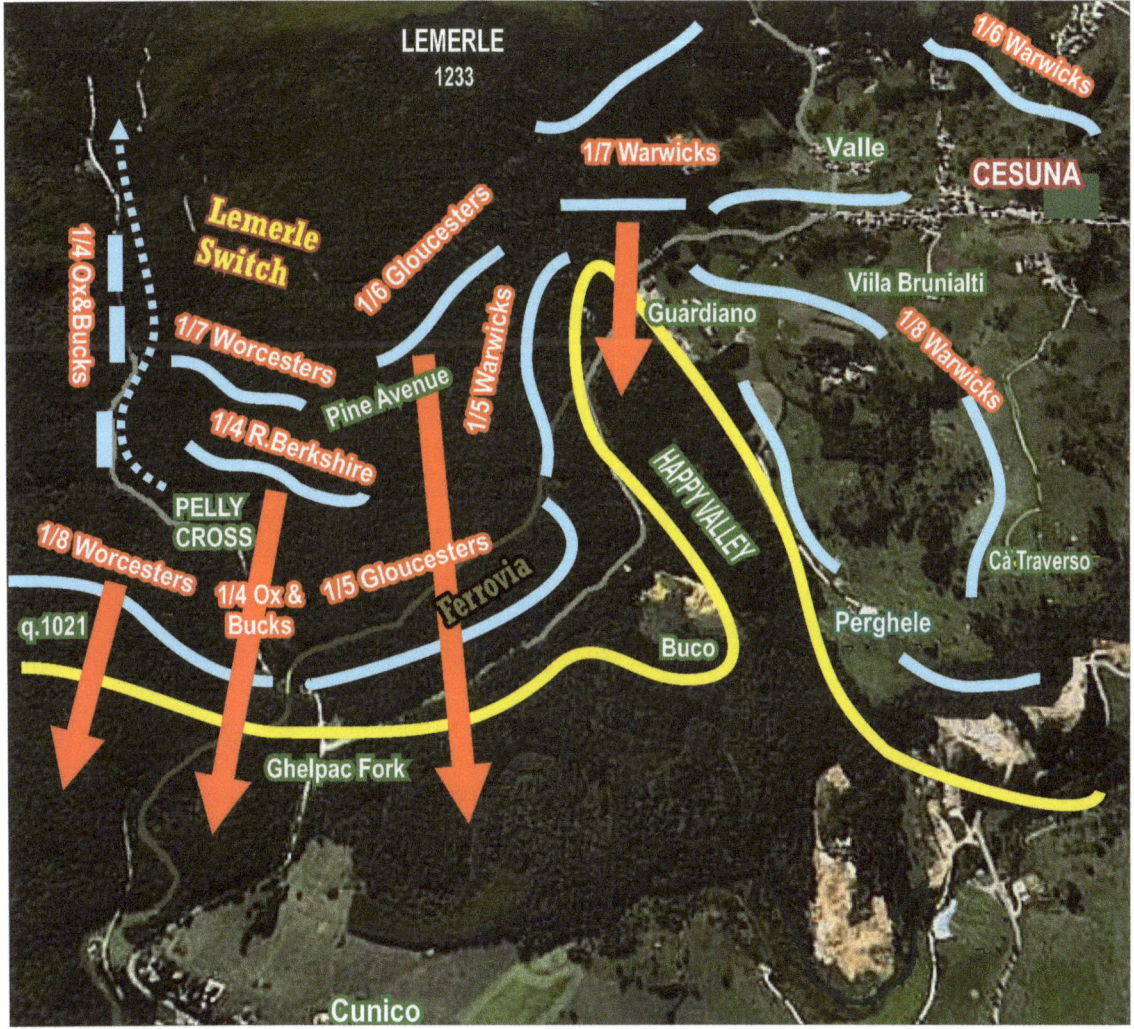

▲ Mappa del contrattacco notturno del 16 giugno

58ª batteria R.F.A. – 7ª divisione - Allegato al Diario di guerra del 3 luglio 1916

"L'attacco austriaco fu pianificato sul modello di quello della grande offensiva di Ludendorff del 21 marzo. Preceduto da un breve, ma violento, bombardamento di granate ad alto potenziale esplosivo e a gas, fu diretto in gran parte sulle aree di retrovia e sulle batterie. Tuttavia la sua efficacia fu relativa parte per la difficoltà nell'inquadrare i bersagli in terreno montano. parte perché il livello di efficienza austriaco era basso. I loro proiettili a gas, in particolare, sembravano essere piuttosto innocui. Il bombardamento iniziò alle 3 AM e durò tre ore, sino a quando le fanterie lasciarono le trincee." **Charles Robert Mowbray Fraser Cruttwell** [25]

L'ATTACCO DELLE FANTERIE A SAN SISTO

Il settore "tranquillo" della 23ª divisione britannica

Davanti a San Sisto il bombardamento austriaco non suscitò particolare apprensione, a parte precisazioni riguardo l'uso dei gas lacrimogeni. La linea degli avamposti era presidiata da pochi soldati degli Sherwood Foresters, circa una decina di uomini per "picchetto". La zona di Sec era guardata da un avamposto con reticolato leggero, su una gobba ad ovest di Villa dal Brun ed era difesa dai nidi di mitragliatrici Vickers R1 ed R2, il cui raggio d'azione proteggeva anche la direttrice di Ave (sud). Ad ovest il picchetto della compagnia D occupava una piccola postazione, fianco alla mulattiera di Ave e proiettava avamposti sino alle macerie dei Guardinalti. La dorsale di San Sisto era protetta dal nido di mitragliatrice R3, mentre alle rovine della fattoria di Poslen, il nido di mitragliatrici R4 controllava l'inizio della zona boscosa.

Con un tempo umido e piovigginoso già dal 14 le artiglierie si erano reciprocamente cercate ed uno "Stand to" inutile era stato dato, in trincea, alle 11.30 di notte; si trattava di un falso allarme. Alle 2.45 AM del 15 giugno gli inglesi ordinarono ad un obice della 464ª batteria d'assedio di bombardare "ad libitum" il riflettore nemico di monte Mosciagh e di spegnere quel fastidioso occhio luminoso. [26] Alle 3.00 AM anche nel settore destro britannico si abbatté il bombardamento pesante, un misto di tutti i calibri con granate esplosive ed inefficaci tiri a gas. Sicuramente però il cannoneggiamento apportò danni notevoli alle linee, alle segnaletiche stradali, interruppe le linee telefoniche e fece saltare in aria il grande deposito di Handley Cross, causando l'impraticabilità dell'incrocio per ore, a causa del successivo incendio. Anche i reticolati subirono danni in più punti e molti tronchi di alberi abbattuti finirono per creare preziose passerelle gettate sopra gli ostacoli campali, che dovevano bloccare l'avanzata nemica. Alle 3.20 AM, prima che tutte le linee di comunicazione, saltassero del tutto, il comando di Corpo ordinò la ritirata in linea degli avamposti. A quell'ora San Sisto era già un'isola emergente da una fitta nuvola di gas esplosivi, che aveva saturato la radura dietro la linea.

I cannoni austriaci avevano anche distrutto il nido Vickers R2 ed un lanciamine di destra, causando anche perdite umane, soprattutto per il tiro d'infilata proveniente da Gallio. Verso le 4 del mattino cessavano i tiri a gas, ma le granate HE e gli shrapnel incrementarono le loro cadenze. Il bombardamento ebbe una breve pausa alle 5.15 per poi tornare violento mezz'ora dopo, dando però l'impressione di una grande casualità in cadenze e bersagli. Alle 5.30 fu anche abbattutto un ricognitore austriaco, levatosi in volo per osservare le retrovie.

Alle 6.45 i pochi picchetti rimasti all'esterno della linea riferirono che gli austriaci stavano uscendo dalle trincee, assumendo le formazioni d'attacco. I comandi ordinarono subito lo "Stand to" alle trincee. Quanto alle artiglierie britanniche di settore, **sembra che le batterie iniziassero i tiri solo dopo l'attacco delle fanterie** nemiche, a causa del mancato arrivo degli ordini per le interruzioni telefoniche. Non ci fu, insomma, alcuna contropreparazione, fatto testimoniato da numerose memorie, e questa fu una delle principali cause del successo iniziale austriaco.

Gli austriaci avanzarono preceduti da sei o sette soldati Sturmtruppen, dotati di lanciafiamme, tubi di gelatina e mitragliatrici leggere (portavano anche tenaglie taglia-filo), spesso strisciando sul terreno. Dietro di loro stavano gruppetti di 10-15 soldati (Sturmabteilungen o Aufraumungstruppen) che avevano il compito di sfruttare i varchi nel reticolato e di irrompere nelle trincee tirando bombe a mano e facendosi largo con baionette, mazze ferrate, daghe e coltelli. Queste avanguardie d'assalto erano segui-

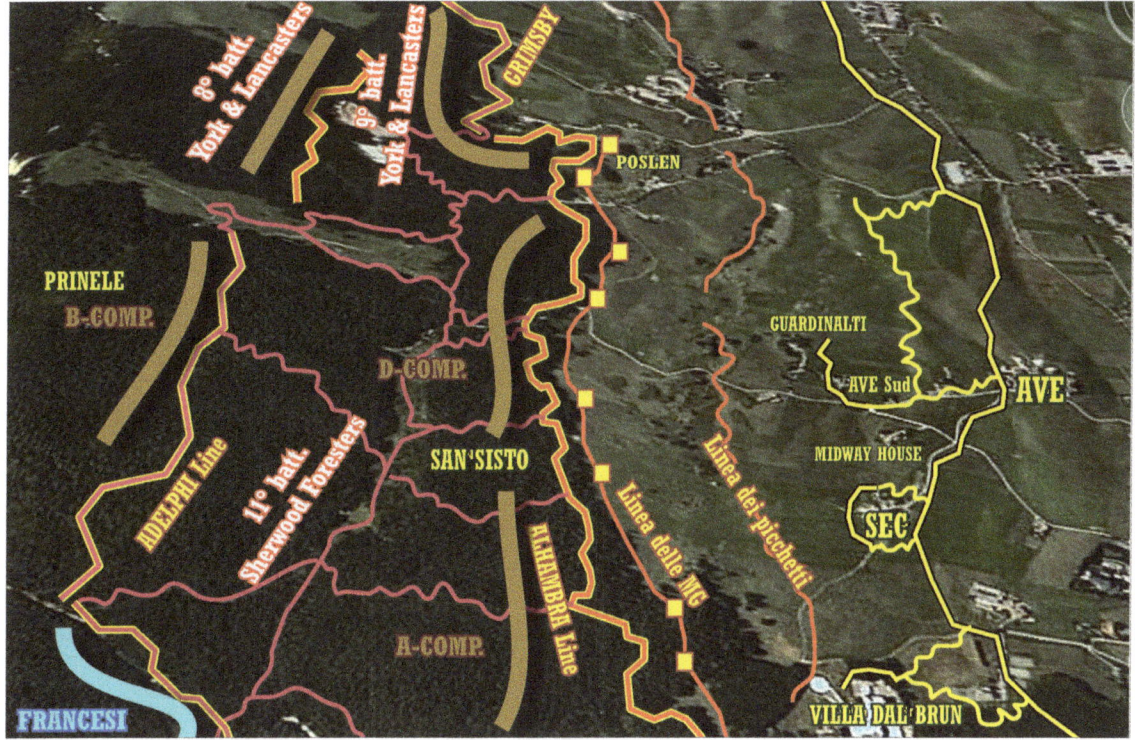

▲ Le posizioni di partenza dell'attacco sulla linea di San Sisto.

te dalle vere e proprie ondate di fanteria (Infanteriewelle) che provvedevano ad occupare e consolidare le linee, permettendo alle Sturmtruppen di rientrare nelle proprie. Dopo eventuali occupazioni di tratti avanzati arrivavano le Materialtruppen (genio, pionieri, portatori di munizioni, cibo ed acqua, reticolato, filo telefonico ecc.) ad organizzare il nuovo presidio.

A San Sisto la linea dei "picchetti" fu presto costretta a rientrare a livello di quella delle mitragliatrici, in quanto presa sul fianco dalle Sturmabteilungen. Qui la distruzione del nido R2 (pare a causa di un lanciamine "amico") causava un varco in cui s'infilarono gli assaltatori. Il nido R1 ripiegò in prima linea, davanti ai reticolati, e non essendo appoggiato dai fanti, in venti minuti fu costretto ad una nuova ritirata sulla dorsale (vicino ai nidi R7 ed R8). La postazione esterna R4, dopo aver fatto uno sbarramento infernale contro le truppe che arrivavano da Guardinalti e Poslen, fu praticamente circondato verso le 8.00 del mattino, ma riuscì a stento a raggiungere la dorsale con le sue due armi. Alle 7.15 del mattino si poteva affermare che tutte le linee avanzate di San Sisto erano state occupate dagli austriaci, ora bloccati nel bosco di fronte ai reticolati della prima linea, dove l'uso dei lanciafiamme era inutile data la distanza tra reticolato e trincea.

Gli austriaci aprirono varchi, talora sfruttarono i tronchi abbattuti per passarvi sopra, e fecero irruzione in trincea, alcuni operando verso ovest contro la compagnia D dei Foresters, altri sciamando a destra contro la compagnia A, che fu costretta a ritirarsi. Si era aperta una breccia di circa 200 metri sulla prima linea inglese di San Sisto. I britannici tuttavia non abbandonarono la trincea, formando dei fronti fiancheggianti la breccia nemica. La compagnia A, respinta verso le linee francesi, era a ranghi minimi, a causa delle perdite da bombardamento. Ciononostante il capitano Brittain organizzava un contrattacco, aiutato anche da qualche francese. Gli austriaci, sorpresi dall'evento inatteso, arrestarono l'avanzata in trincea, mentre Brittain organizzava una nuova linea difensiva. Dopo un vivace scambio a fuoco tra altri gruppi austro-ungarici, oltre i reticolati seguì un attimo di pausa. Qui cadde il capitano Brittain, probabilmente ucciso da un ufficiale austriaco, tiratore scelto.

La notizia del varco in linea raggiungeva il tenente colonnello Hudson alle 8 del mattino, mentre gli austriaci portavano dentro la linea circa 200 uomini, densamente stipati, appoggiati da 10 mitragliatrici schierate davanti ai reticolati inglesi. La conferma dell'avvenuto sfondamento arrivava subito, quando un gruppo di austriaci arrivava sulla cima della dorsale, dopo aver attraversato il bosco, e sparava contro il comando di battaglione. Il quartier generale di battaglione, allora, radunò le forze e s'inoltrò nel bosco, inseguito dalle Sturmtruppen e battuto dai cannoni austriaci, che avevano allungato il tiro sulla retrovia. Durante il tragitto, il ten. col. Hudson incontrava la batteria italiana mortai di Van den Heuval, si fermò e organizzò il contrattacco assieme ad una dozzina di artiglieri italiani armati di moschetto. Due plotoni della compagnia B ebbero l'ordine di sgomberare la cresta assieme ad un plotone dell'8° KOYLI che stava a Pria dell'Acqua.

Nel frattempo, in attesa del contrattacco britannico, la linea inglese ad ovest di San Sisto era rimasta solidamente intatta:

15 giugno ...dalle 5.30 alle 7.30 AM: *il nemico avanza all'attacco, ma riesce soltanto a giungere a 100 iarde dai nostri reticolati, dove è bloccato e si disorganizza, sotto il continuo bombardamento nemico.*

8.30 AM *il nemico, in formazione, avanza tra l'area sudovest di Asiago e la Edelweiss Spur, formando una linea sul rovescio della dorsale dei Guardinalti. Mandiamo avanti le mitragliatrici e priamo fuoco ad intervalli.*

10.30 AM *la situazione si normalizza e sparano solo le due artiglierie avversarie. Le perdite nemiche sembrano ingenti, con andirivieni di barellieri per tutto il giorno.*

▲ La tomba del capitano Edward Brittain ucciso sulle trincee di San Sisto.

6.00 PM: *il nemico, in una massa superiore a 1000 uomini, avanza in formazione tra Rodeghieri e Oba, schierandosi al coperto tra Asiago e Silvegnar.*

9.00 PM : *circa 200 soldati nemici si ritirano a gruppetti dalla dorsale dei Guardinalti.*

10.00 PM: *portano dentro le nostre linee una quarantina di nemici prigionieri. Per tutta la giornata è continuato un fuoco casuale di artiglieria.* **Diario di guerra del 9° battaglione York & Lancasters**

In tarda mattinata il contrattacco del ten. col. Hudson e della sue estemporanea truppa (staffette, ordinanze, artiglieri italiani ecc.) riprendeva la dorsale di Prinele, contro ogni previsione, catturando una ventina di prigionieri, lanciafiamme e qualche mitragliatrice. Ora si trattava di ripristinare la prima linea a valle, con l'aiuto dei plotoni d'appoggio della compagnia B e dell'8° KOYLI. Si sapeva che i francesi di destra avevano rinforzato il 108° battaglione con altre tre compagnie e che il fianco era sicuro. Dopo aver contattato la compagnia D nel bosco ed aver osservato l'ex linea inglese zeppa di elmetti austriaci, Hudson con un gruppetto di temerari tentò di entrare in trincea intimando ai nemici la resa. Sorprendentemente questi alzarono le braccia ma, mentre il loro ufficiale si avvicinava per parlamentare, qualcuno tirò una bomba a mano uccidendo l'ufficiale austriaco e ferendo gravemente Hudson ad una gamba. Nel seguente parapiglia il gruppetto inglese riuscì a ritirarsi e, nonostante la ferita, lo stesso ten.colonnello si mise ad organizzare il contrattacco.

Verso le 9.30, mentre gli inglesi attendevano rinforzi per il loro tentativo di assalto, in direzione di Sec usciva una formazione austriaca in assetto d'assalto, a ranghi compatti. Il micidiale fuoco delle mitragliatrici inglesi e francesi ne arrestò subito lo slancio, seminando il campo di morti e feriti. Dopo un secondo, vano, tentativo, l'attacco austriaco si arrestò, circa alle 10 del mattino.

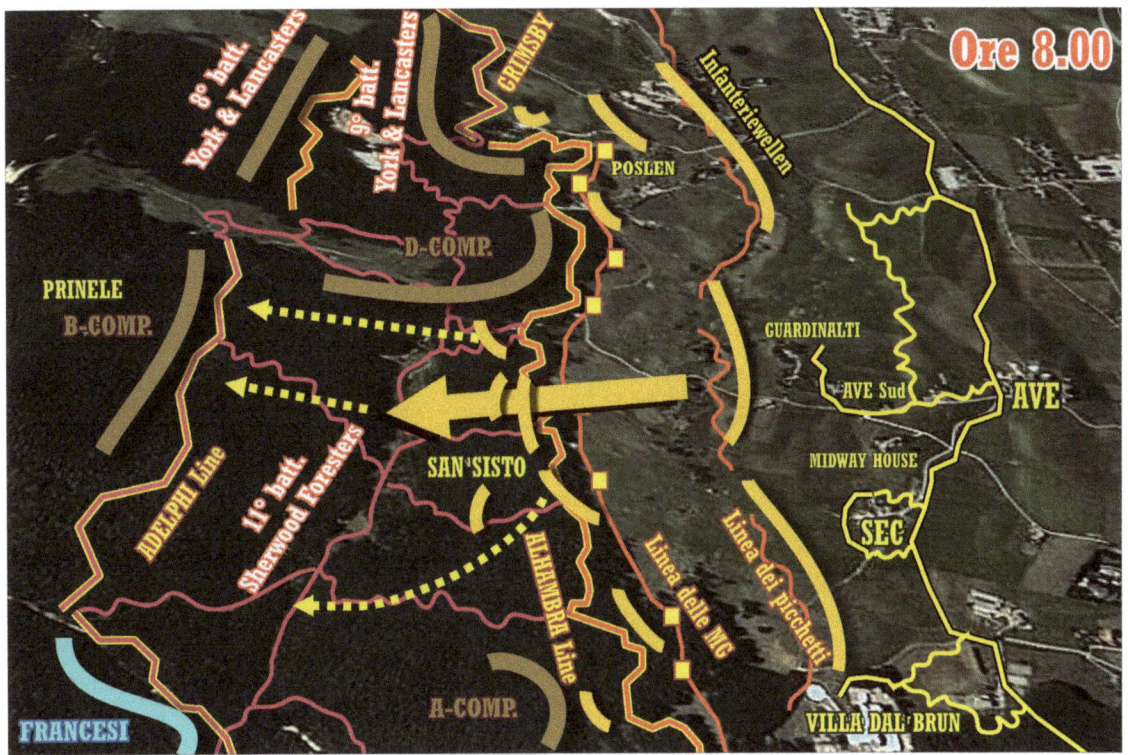

▲ L'attacco austriaco nel settore San Sisto contro la 23ª divisione britannica

Sulla dorsale di Prinele, intanto, era arrivata una compagnia di rinforzo dell'8° KOYLI alle 12.30 che in parte fu schierata a protezione della linea di cresta e in parte avviata incontro alla compagnia B dei Foresters, con l'ordine di rastrellare l'antistante dorsale e di contattare i resti della compagnia A dei Foresters e dei francesi, che erano con loro. L'ex prima linea inglese di San Sisto era occupata da circa 180 austriaci, schierati lungo 300 metri di trincea; i parapetti erano stati girati a sud e qualche mitragliatrice Schwarzlose era puntata in direzione del bosco. Dopo un rapido esame della situazioni, i britannici decisero di non attaccare frontalmente, ma di risalire la trincea di lato utilizzando le bombe a mano. I plotoni furono divisi in tre gruppi d'attacco e mandati avanti con un fuoco frontale d'appoggio. Alle 2.30 del pomeriggio San Sisto ritornava in mano inglese. La vista della terra di nessuno era agghiacciante, cosparsa di corpi austriaci, non meno di 300. Durante l'azione di contrattacco gli inglesi avevano catturato numerosi prigionieri, tra cui 4 ufficiali e ingenti masse di materiali vari. Il resto della giornata, poi, trascorse in relativa tranquillità, in attesa di avere notizie del fronte di Cesuna, ancora in crisi. Tutto il settore Kaberlaba-San Sisto non fu più oggetto di ulteriori attacchi per tutto il giorno successivo, nonostante le linee degli avamposti britannici fossero rimaste in mano austriaca. A sera del 16 giugno un ultimo sussulto, ma ormai la tempesta era passata.

16 giugno 6.00 AM: *abbiamo portato all'interno delle nostre linee due cannoni leggeri nemici, trovati nei pressi dei Guardinalti. Più tardi anche 4 mitragliatrici, 3 lanciafiamme, una cassetta di proiettili a gas, munizioni ecc. presi dai nostri piccoli gruppi di ricognizione. Situazione tranquilla la mattina e durante la giornata.*

9.45 PM: *lanciati due razzi S.O.S. nemici seguiti da barrage di artiglieria sulle nostre linee. Contemporaneamente mitragliatrici nemiche aprono il fuoco contro di noi.*

10.00 PM: *visti piccoli gruppi nemici a circa 100 iarde dai reticolati, sul front centrale del battaglione. Da lì tirano razzi Very e granate da fucile, in gran numero, dentro le nostre trincee. Qualcuno saluta dalla terra di nessuno.*

10.15 PM: *il nostro battaglione di sinistra chiama, con razzi S.O.S., un barrage di artiglieria contro la linea Poslen, Guardinalti, Villa Dal Brun.*

11.30 PM: *la situazione diventa più tranquilla; numerosi razzi Very nemici in cielo, ci fanno vedere gruppi di soldati austriaci che ripiegano tra Morar ed Ave.* **Diario di guerra del 9° battaglione York & Lancasters**

LA CRISI DAVANTI A CESUNA

Antefatto; il "varco" di Casera Magnaboschi del 1916

Uno dei più ameni paesi dell'altopiano dei Sette Comuni è senza dubbio Cesuna, oggi sede di turismo estivo e di pratica di sport invernali. Situato a pochi km dagli abitati di Canove e Treschè, dai quali è separato da un ampio vallone, il paese fu teatro di aspri scontri nel 1916 e nel 1918. Lo testimoniano anche i piccoli cimiteri, rimasti a perpetua memoria del conflitto, situati a nord e nord est dell'abitato.

Nei pressi dei due cimiteri, l'italiano e il britannico, situati all'ingresso della Val Magnaboschi, vicino alla elletta che separa i monti Lemerle e Zovetto, c'è una colonna di stile romano, eretta a ricordo del presunto punto di massima penetrazione austriaca nei giorni confusi di giugno 1916, al tempo della Strafexpedition. In realtà oggi sappiamo che gli imperiali si spinsero molto più avanti, constringendo gli italiani ad arretrare la propria linea avanzata su monte Magnaboschi, dopo due settimane di lotte furiose sullo Zovetto e dopo aver attinto a tutte le truppe di riserva. La colonna rimane comunque un ottimo riferimento poiché indica con precisione il luogo del punto di massima crisi del dispositivo difensivo italiano, durante i giorni della battaglia del Cengio (29 maggio-4 Giugno 1916).

In quel luogo, per uno di quei momenti casuali che, se colti al volo, possono mutare il corso degli eventi, gli italiani rischiarono di perdere la prima linea di Val Magnaboschi e gli austriaci ebbero la possibilità di dilagare alle spalle delle difese italiane della zona di monte Carriola. (Cercando questo episodio sulla Relazione ufficiale italiana, invece, si prova la netta impressione che l'attenzione dei comandi fosse calamitata dallo sfondamento austriaco sul Busibollo e dalla crisi del Cengio. Viene descritto infatti soltanto il contrattacco vincente degli italiani a Cesuna, ma non ciò che era accaduto prima). Proviamo a ricostruire l'evento.

Alle 10.30 del 3 giugno, giorno della caduta serale della vetta del monte Cengio, truppe della 67ª brigata austriaca avevano interrotto il collegamento tra il I/2º granatieri (battaglione Bignami) ed il II/212º

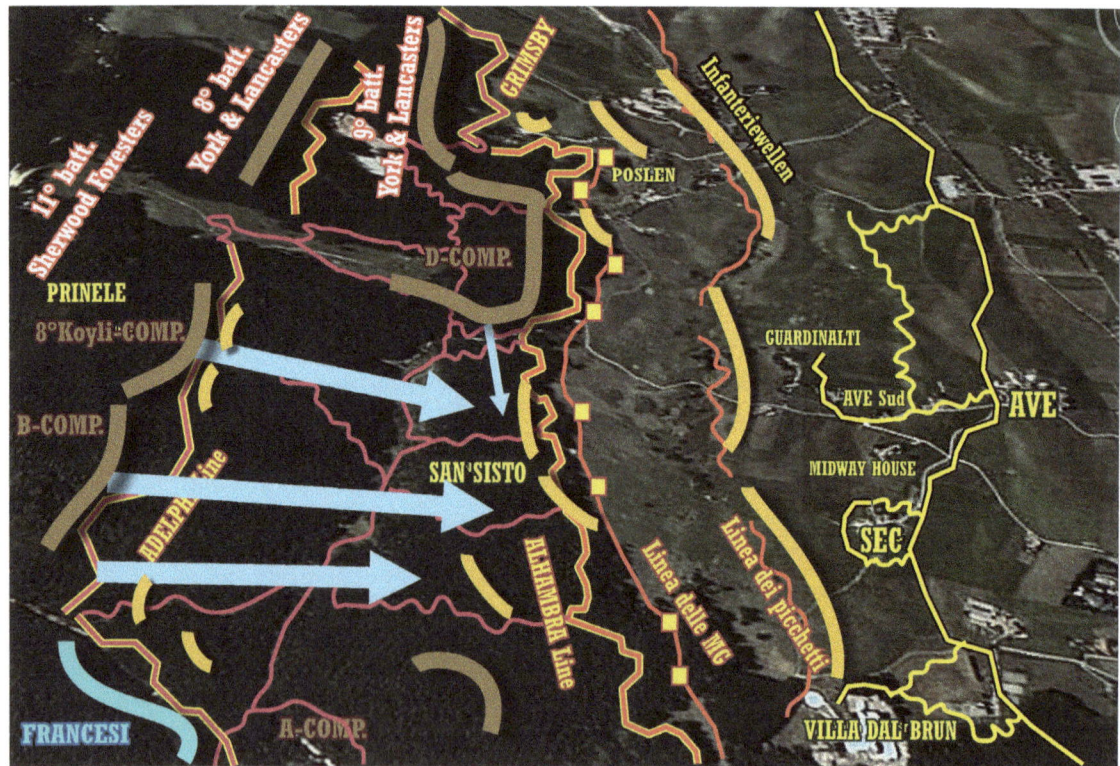

▲ San Sisto, il contrattacco britannico del primo pomeriggio.

della Pescara, avvolgendo il monte del Busibollo sopra Treschè. Gli sfortunati granatieri erano stati tutti catturati nei ricoveri dietro il colle, mentre la fanteria retrocedeva sullo Zovetto sotto il tiro delle mitraglie asburgiche. Il collegamento tra le truppe dello Zovetto e del monte Lémerle si trovava in fondo ad una valletta, attraversata da una mulattiera che si inoltrava in Val Magnaboschi, dove una malga, adattata a latteria, fungeva da riferimento topografico: Casera Magnaboschi. Il luogo avrebbe dovuto essere presidiato dal I/211º Pescara, schierato sul Lemerle e collegato a sinistra con una compagnia della brigata Catanzaro, unità posta all'estremità dello schieramento del settore del Busibollo (Zovetto). In realtà, sia per la nebbia, sia per la scarsa conoscenza dei luoghi, una compagnia di fanteria della Pescara si appostava sul versante sinistro (sbagliato) della casera e, convinta di essere in contatto con i commilitoni di destra, lasciava sguarnito lo stretto fondovalle. Per i fanti della Catanzaro tutto era in ordine; la presenza della Pescara al loro fianco significava il contatto con le linee del Lemerle, come prescritto. Quella volta, le pattuglie del 33º reggimento imperiale tentarono di inoltrarsi in Val Magnaboschi, cercando di avvolgere alle spalle gli ignari italiani. Non si trattava di un gran varco nelle trincee, ma nella confusione dell'attacco generale bastava ed avanzava. Isolato, in casera e senza soldati in trincea davanti a se, stava nientemeno che lo Stato maggiore della brigata Catanzaro con la bandiera del 141º fanteria; gli ufficiali si sentivano al sicuro fidando nella protezione dei fanti della Pescara. Quando, d'un tratto, le pallottole di fucile austriache iniziarono a sibilare in aria, essi non credettero ai propri orecchi. Subito il colonnello Malatesta del 2º granatieri, che si trovava alla casera, ordinò allo staff della Catanzaro, sorpreso in un posto avanzato, di ritirarsi. Due sottufficiali portarono in salvo, rapidi, la bandiera caracollando sulla mulattiera e chiedendo rinforzi. La rapida ritirata nel bosco di tutto il presidio ebbe successo, ma con grande fatica e rischio.

Lì (dove oggi sorge la colonna romana) Malatesta organizzava una difesa estemporanea. Una staffetta messasi in contatto con il gen. Sanna (comandante della Catanzaro) per ricevere rinforzi, tornava assieme ad un nucleo di truppa raccogliticcia, in cui non mancavano impiegati scritturali del comando divisionale. Urgevano però le mitragliatrici poiché sulla sinistra della linea improvvisata c'era un vuoto assoluto.

Per fortuna si riusciva ad adunare il V battaglione bersaglieri ciclisti e a metterne in marcia buona parte (in tutto 400 uomini). Con quel rinforzo la linea si saldava consentendo anche di tentare timidi contrattacchi per riprendere la casera, vicino alla quale erano state fatte prigioniere, ignare, intere pattuglie della Pescara, inviate a vedere cosa stesse accadendo. Gli austriaci, che non erano stati in grado di procedere oltre (i continui attacchi li avevano stremati e l'assenza di appoggio di artiglieria consigliava loro di non avanzare ulteriormente) si ritirarono nel tardo pomeriggio, permettendo la rioccupazione della casera e della malga attigua. Qui venne organizzata una piccola sezione di sanità per i feriti intrasportabili. A sera giunse, poi, in fretta il battaglione di marcia del 1º granatieri (battaglione Rossi) per sostituire i provatissimi bersaglieri ciclisti. L'episodio, documentato da dispacci ufficiali, fu descritto anche in un diario di guerra.

[...]La situazione rimaneva però sempre difficile, perché il nemico si era ritirato solo di poche centinaia di metri, e si preparava certamente per tornare all'offensiva durante la notte; le truppe che trovavansi nei pressi delle Casere, sbarrando la strada rotabile per Cesuna, erano a contatto sulla destra con quelle che erano a difesa del monte Lémerle; ma a sinistra, volgendo ad arco di cerchio sulle alture a nord-ovest delle Casere, in direzione approssimativa del monte Busibollo, non avevano contatto con alcuno. Esisteva perciò una larga falla nello spiegamento delle nostre forze, e ciò fu confermato da un portaordini del gen. Sanna, il quale dichiarò che da Campiello, dove esisteva ancora un comando con un generale, a Magnaboschi non aveva incontrato truppe di alcun genere ... Quello che preoccupava moltissimo il comando di settore era la falla esistente sulla sinistra dello schieramento, grave minaccia per le truppe operanti su Magnaboschi.

A fronteggiare alla meglio questo pericolo provvide il maggiore Rossi con le tre compagnie del battaglione disponendole in linea, appena le prime ombre della sera lo permisero, sulle alture a nord-ovest delle Casere, con la destra sulla rotabile di Cesuna e la sinistra verso l'ignoto ... A complicare le cose si aggiunse l'infuriare di un temporale che scatenatosi al tramonto su monte Belmonte si era poi esteso fino a Cesuna e Magnaboschi ...

Gli avamposti erano collocati al riparo dietro grandi lastroni di pietra, senza altre difese accessorie e senza che alcuno nei giorni precedenti avesse pensato ad abbozzare una qualsiasi linea di trincee o a migliorare i ripari già esistenti. I granatieri cercarono con le vanghette di iniziare uno scavo tra lastrone e lastrone, fra cespuglio e cespuglio; ma il lavoro estenuante era ostacolato dall'acqua che formava subito delle larghe e torbide pozzanghere. [...] [27]

Gli austriaci tentarono, poi, due ulteriori attacchi notturni, incontrando resistenza, e furono respinti, causa anche la scelta di attaccare la casera lungo la strada, frontalmente. Se avessero attaccato il fianco destro della malga, sopra Cesuna, non avrebbero incontrato che scarse difese, nonostante la presenza di uno stanco battaglione della Modena, inviato in fretta a tamponare la falla.

Il grave pericolo che gli imperiali si accorgessero del varco tra Zovetto e Busibollo restò sospeso sul capo degli italiani per tutto il 4 di giugno. Per loro fortuna gli austriaci si limitarono a bombardare con

▲ Il punto di massima penetrazione austriaca a casera Magnaboschi (foto dell'autore)

furia il settore, senza avanzare. Il giorno 5 giugno la linea italiana venne definitivamente riorganizzata in attesa del prevedibile nuovo urto nemico.

Per tutto il successivo anno di guerra, 1917, la zona rimase tranquilla e costituì l'immediata retrovia della nuova linea italiana a nord di Asiago, organizzata dopo la ritirata austriaca del 24 giugno 1916 sulle posizioni invernali (Winterstellung). Tuttavia, dopo la grave crisi del settore dell'altopiano accaduta nel corso della battaglia d'arresto di novembre e dicembre (dirette conseguenze dell'offensiva austro-tedesca di Caporetto), quel punto critico dello schieramento italiano, ritornava ad essere quasi prima linea. In quel settore, infatti, non c'era alcun baluardo montuoso posto di traverso ad una ipotetica avanzata austriaca. Esisteva l'imbocco di una lunga e stretta valle che portava direttamente a malga Carriola e, di là, giù in pianura.

I Comandi superiori italiani, che ne avevano constatato sia la debolezza sia l'importanza tattica, decisero di assegnare la zona (e l'ingresso della Val Magnaboschi) al Corpo d'armata britannico, una garanzia di totale efficacia militare.

L'attacco davanti al Lemerle

Il primo evento importante ad interessare il settore del Lemerle fu l'esplosione del deposito di Handley Cross. Per la precisione si trattò di una terrificante prima esplosione cui seguirono continue esplosioni minori, generate dal propagarsi del calore degli incendi. L'incidente, che si propagò per parecchie ore, causava il totale blocco delle retrovie, tra il Lemerle e malga Carriola, costringendo la 48ª divisione ad utilizzare la strada di Val Magnaboschi, pericolosamente esposta alle granate austriache, in qualche passaggio allo scoperto.

Anche qui il bombardamento austriaco distrusse subito le linee telefoniche, non interrate a causa del terreno roccioso, il tempo è umido e nebbioso e i diversi punti d'osservazione non riuscivano a far altro che udire il crepitio di fucili e mitragliatrici, cercando di intuire il momento dell'attacco nell'intensificare dei rumori di battaglia:

"(4) Indicazioni effettive sull'attacco *Tutte le linee telefoniche furono interrotte, sebbene parecchie riparazioni fossero portate a termine; fu molto difficile inteptetare la situazione della quale il battaglione di fanteria poco sapeva (1/5° Gloucesters NdT). Per qualche tempo si ritenne molto improbabile che tutto il fronte della divisione fosse attaccato, e si pensava che il bombardamento celasse una manovra diversiva o fosse solo un estensione del fronte di cannoneggiamento. Ma si trattava di un'idea preconcetta.*" **58ª batteria R.F.A. – 7ª divisione - Allegato al Diario di guerra del 3 luglio 1916**

Il tunnel della ferrovia, vicino al letto del Ghelpac, (Ghelpac Fork) era un tratto di linea assegnato alla 145ª brigata. La presenza di una fitta abetaia rendeva le comunicazioni assai difficili e c'era il rischio, in caso di attacco nemico, di entrare nel caos più totale. Come nel 1916, il concentramento dei battaglioni austro-ungarici era stato fatto nella gola della Val d'Assa e nelle vallette che vi affluivano. Alle 3.00 di notte, con l'inizio del barrage d'artiglieria, le fanterie imperiali si erano mosse per raggiungere la dorsale di Canove, sfruttando i camminamenti d'approccio. In particolare si erano ammassati grossi gruppi nei pressi dei reticolati, vicino alla stazione della ferrovia di Canove. Da lì sarebbero partite le ondate d'assalto, percorrendo un breve tratto di prato per poi entrare nel bosco, dove stavano le linee inglesi.

"**4.30 AM**: *gli avamposti di sinistra ripiegano, ma, a contatto con il nemico, sono costretti a fermarsi e non riescono a raggiungere le nostre linee. A destra, invece, i plotoni di avamposto riescono a ripiegare in linea non senza una lotta accanita per risolvere la critica situazione.*

5.10 AM: *la compagnia di fronte sinistra riferisce che la strada in H 398-367 è ancora violentemente battuta dalle granate e che tutte le comunicazioni con la linea del fronte sono interrotte dalle 4.10.*

5.50 AM: *la compagnia di fronte destra riferisce di essere sotto bombardamento con qualche perdita. Un plotone esploratori è fatto uscire (ritornerà alle 7, riferendo che il bombardamento non ha colpito il Quartier generale di divisione, dato che ha battuto il fronte e l'immediata retrovia, e che il nemico sta attaccando in forze. Arriva un plotone del R. Berkshire di rinforzo.*"

WO 95/4251– 145ª inf. brigade - battaglioni; 1/4° batt. Oxfordshire e Buckinghamshire.

Anche qui, come a San Sisto, entravano in crisi i posti avanzati, tagliati fuori per l'interruzione delle comunicazioni. Il bombardamento è più violento che ad est; picchetti, avamposti e linee delle mitragliatrici furono da subito in gravissime difficoltà. A destra di Pelly Cross era schierato il batt. 1/4° Oxfordshire e Buckinghamshire, la cui linea di destra si estendeva sino alla trincea Grimsby, debolmente presidiata. Tra gli avamposti e la prima linea, un'intera compagnia (batteria) di artiglieria stava preparando le piazzole per i cannoni. Il personale della 58ª batteria R.F.A., portatosi al riparo durante il bombardamento, fu direttamente investito da ben due attacchi austriaci, dopo il cedimento degli avamposti britannici. Fu così che, passati pochi minuti dopo le 7.00 di mattina, le Sturmabteilungen austriache scesero in massa dalla china di Canove, mentre le loro squadre d'assalto e lanciafiamme prendevano sul fianco i plotoni inglesi, isolandoli.

"**7.05 AM**: *il plotone di avamposto di destra si è ritirato sino a raggiungere il Quartier generale di battaglione, riferendo che pattuglioni nemici stanno avanzando verso la Chalk Farm. Il plotone è in fretta inquadrato di nuovo e mandato a rinforzare la linea.*

WO 95/4251– 145ª inf. brigade - battaglioni; 1/4° batt. Oxfordshire e Buckinghamshire.

La prima linea britannica fu investita da due attacchi consecutivi. Un sergente degli "Ox and Bucks" inquadrava anche gli artiglieri della 58ª batteria, armati di fucile, schierandoli in trincea e, mentre stavano sparando a più non posso, arrivò la staffetta del comando di brigata che *"informa gli artiglieri del pericolo di un imminente attacco, probabilmente a gas e ordina loro di ripiegare immediatamente, via da quell'inferno"*. Nonostante il grottesco ordine i cannonieri restarono in trincea; un morto, un disperso,

▲ Soldati britannici in trincea con maschere antigas

un ufficiale ferito e quattro artiglieri feriti sarà il prezzo pagato al ritardo dell'ordine.

L'attacco austriaco a Ghelpac Fork fu massivo, con circa sette battaglioni. La compagnia di fronte destra, il collegamento tra la 48ª e la 23ª divisione, subì un accerchiamento e dovette formare un nuovo fianco destro a protezione del comando di battaglione. I comandi si trovavano sul Lemerle (due comandi di battaglione 1/4° Ox. & Bucks, 1/1° Ox. & Bucks ed un comando di brigata) assieme a parecchio personale di artiglieria, traino e muli e assieme alla stazione di comunicazione "wireless" (lett. senza fili, radio). Durante il barrage il personale del Lemerle si era gran parte rifugiato nel tunnel del posto osservazione, ma la stazione comunicazioni era stata colpita e resa inutilizzabile. Gli ordini, quindi, erano stati inoltrati tramite staffette e molti arrivarono troppo tardi (l'ordine di ritirata ai "picchetti" arrivò alle 4.30 AM, quando già erano stati aggirati dai guastatori austriaci). L'anticipata uscita delle Sturmtruppen, rispetto ad altri settori di fronte, sembra essere stata una delle principali cause della sorpresa e del crollo della linea britannica, assieme con il fallimento delle segnalazioni luminose a razzo. Tuttavia davanti a Roncalto e Poslen la linea cedeva, senza crollare.

Sulla prima linea di destra, tra Roncalto e Poslen appunto, collegato con i Foresters di San Sisto, era schierato l'11° battaglione dei Northumberland Fusiliers (23ª divisione) alla trincea Grimsby. Nel delicato punto di collegamento tra i battaglioni della 23ª e 48ª divisione le Sturmabteilungen austriache riuscirono temporaneamente a sfondare, sfruttando la protezione del bosco. Norman Gladden così ricordava quegli attimi:

"... Nel frattempo il bosco si era fatto vivo. Si alzarono ancor più luci colorate ed i cupi rimbombi delle granate cadenzavano il gracchiare delle mitragliatrici. C'era un durissimo combattimento ai nostri avamposti. Poi io vidi gente in khaki correre indietro inseguita da vicino da linee grigie di fanteria nemica, che muovevano in modo più metodico, mentre nostri rinforzi continuavano ad affluire al bordo dell'altopiano, arrivando ormai sul retro del nemico. Le due linee combattenti erano parallele e a tiro di fucile, tuttavia non fummo capaci di sparare poiché era difficile, in quella zuffa, distinguere gli amici dai nemici. L'unica cosa che potevamo fare era tenere d'occhio la collinetta davanti. Fu allora che iniziai a capire che le cose non stavano affatto andando bene e che la nostra prima linea era in grave pericolo. Non avevamo alcun appoggio di artiglieria, i boschi di fronte pullulavano di austriaci, e bastava fare un barrage dentro quell'area … ma noi non lo facemmo. La truppa del bosco si avvicinò, ma non ne distinguevamo i dettagli, coperti da nuvole bianche di fumo che si arrotolavano tra gli alberi. Vidi i bagliori del freddo acciaio e le fiamme uscire dalle canne dei fucili, che sparavano ad alzo zero. Gli uomini della 48ª divisione disputarono il bosco palmo dopo palmo, ma il nemico era troppo superiore e così ripiegarono, lasciando il nostro fianco scoperto." **Norman Gladden**

La breccia creatasi alla "Grimsby trench" fu rapidamente circoscritta dai due battaglioni, che crearono due nuovi fianchi paralleli, ma non fu chiusa che a fine giornata. I combattimenti dell'area erano ricordati anche nella storia del 23° battaglione mitraglieri, le cui armi erano retrocesse in linea per poi essere gettate nella mischia:

"Alle 8.45 AM il ten. Vizard, che comandava le postazioni L9 e L10, avendo preso atto da comunicazione dell'osservatorio mitraglieri che il nemico era penetrato nella nostra linea sinistra, sulla destra della divisione di fianco e che il batt. 11° Northumberland Fusiliers stava creando un nuovo fianco difensivo, mosse le due sezioni L9 ed L10 in diversa postazione per appoggiare il nuovo fianco di battaglione. Alle 9 AM il capitano Toynbee riceveva comunicazione da quell'ufficiale ed immediatamente si recava sulle nuove posizioni, constatando che la situazione era stata temporaneamente risolta grazie ad un contrattacco del battaglione della divisione di sinistra e procedendo sino al Quartier generale dell'11° Northumberland Fusiliers, per ulteriori accertamenti. " [28]

Il crollo del settore centrale

Sulla sinistra del 1/4° batt. Oxfordshire e Buckinghamshire, nel mezzo dell'abetaia, il battaglione 1/5° Gloucesters, difendeva la prima linea del punto più critico delle difese assegnate alla 48ª divisione: il varco di Valle ovvero l'ingresso della Happy Valley. Come due anni prima, il terreno si dimostrò infido, facilitando la penetrazione degli assaltatori austriaci grazie ai numerosi ripari che la natura offriva; era una guerra nel bosco che ricordava le guerriglie indiane del nordamerica, fatta a gruppetti che penetravano di fianco ed alle spalle delle trincee. La debole linea principale cedeva subito, in alcuni punti ancora prima delle 7.00, ora di partenza delle ondate di fanteria austriache. Anche il diario di battaglione raccontava gli eventi in modo caotico:

"Narrazione delle operazioni del 15/16 giugno (mappa di rif. Sartori 1:10000)

… I primi nemici sono avvistati sulla collina H 287-365 di fronte al comando della compagnia di fronte sinistra. Il nemico poi inizia a scorrere lungo la valle e prende la nostra comp. di fronte sinistra alle spalle. In osservanza delle disposizioni di brigata, un plotone della nostra compagnia di appoggio avanza verso quota H 31-36, alle 6.40, per portarsi alla quota 964. Arrivato alla linea del fronte, il plotone è pesantemente attaccato dal nemico che tenta di passare i nostri reticolati, e respinge gli attaccanti con successo; la Lewis (mitragliatrice leggera NdT) del soldato Pegler esegue un lavoro eccezionale nell'occasione. Quando il nemico è avvistato sulla quota H 287-365, viene inviato avanti un secondo plotone della compagnia d'appoggio, che risale la valle, sotto un pesante fuoco di mitragliatrici che proviene dalla quota, nel tentativo di rigettare indietro il nemico e di liberare la comp. di fronte sinistra. Ma l'intera sezione mitragliatrici Lewis è distrutta.

Il nemico ora avanza in gran forze sul pendio nord della valle (H 280-360) ed attraversa la stessa. I due plotoni sono pertanto costretti a ritirarsi. In particolare il plotone di sinistra si districa abilmente da una complessa situazione, grazie all'opera del 2° ten. G.F. Churchill. I due plotoni si ritirano su una linea difensiva così organizzata:

-- fianco sinistro: i rimanenti plotoni della compagnia d'appoggio spinti avanti sulla dorsale H 31-34;

-- pendio ovest della valle: una sezione leggera (mitragliatrici) della compagnia di fronte sinistra;

-- pendio est e sbocco della valle: i resti degli altri due plotoni a difesa del comando di battaglione.

-- dorsale sopra il comando di battaglione e strada Cesuna-Canove: qualche squadra della comp. di fronte destra, soldati del servizio di quartier generale e un plotone della compagnia avamposti.

La nuova linea si costituiva circa alle 7.00 AM.

La compagnia degli avamposti si era già ritirata (circa alle 4.30 AM) secondo ordini di brigata, verso le colline a nord del Ghelpac. Circa alle 6.30 respingevano esploratori nemici ma, a rischio di essere accerchiati dall'attacco *principale, si ritiravano attraverso il Ghelpac, parte in direzione della nostra comp. di fronte sinistra (che era già persa) e parte in direzione della nostra comp. di fronte destra. Questa era ancora in posizione, ma il nemico riusciva a sfondare in qualche punto, portandosi dietro ed accerchiando il settore di centro-destra. I resti della comp. degli avamposti, assieme a qualche sopravvissuto della comp. di fronte destra, si ritrovavano isolati e tentavano di ritirarsi verso la strada Cesuna-Canove, coperti dall'eroico sacrificio del soldato G.H. Oliver, che proteggeva la ritirata cona la sua Lewis. Questo gruppo di soldati formava la destra di battaglione, dopo la ritirata.* **WO 95/4251– 145ª brigata - 1/5° batt., the Gloucesters**

La penetrazione austriaca dentro la Happy Valley era il preludio del potenziale rischio che potesse ripetersi la crisi del 1916: l'avanzata su Cesuna e su casera Magnaboschi, con il conseguente crollo della retrovia britannica di malga Carriola. La Happy Valley cessava di esistere sulla dorsale del paese di Cesuna, esattamente a contrada Valle (a sud est della piazza principale). In quella posizione pericolosamente avanzata era schierata la 31ª batteria cannoni della 240ª brigata d'artiglieria, testimone dello sfondamento austriaco:

"Alle 5.30 AM la B/241 riferisce di aver ricevuto gli ordini per la "Contro preparazione" dal gruppo di sinistra, e così pure la 31ª batteria.

Alle 6.10 AM un dispaccio dal comando divisionale di artiglieria informa che gli austriaci avrebbero attaccato alle 6.00 (sic. NdT). Tutte le batteria sono informate di aspettarsi attività ostile da parte delle batterie nemiche a Roana e sono invitate a tenere bene aperti gli occhi.

Alle 6.45 ripristino delle comunicazioni con D/240 e C/240, che sono messe al corrente della situazione. Il ten. Graham sostituisce il maggiore W.R.W. Anderson, ferito, al comando della D/240.

Alle 6.50 informativa del gruppo di destra inviata al comando d'artiglieria.

Alle 7.45 la 145ª brigata ci informa che il nemico si sta spingendo nella valle opposta alla linea dell'1/5° Gloucesters, circa a H 31.38.

Alle 8.42 AM il nemico è avvistato all'interno della nostra linea a Perghele.

Alle 8.45 AM si vedono due razzi S.O.S lanciati dal posto d'osservazione notturno.

Alle 8.58 AM il nemico è avvistato mentre avanza giù dal pendio da Ambrosini contro le nostre linee.

Alle 9.10 AM il comando divisionale ordina di bombardare Perghele.

Alle 9.10 AM ripetizione del segnale S.O.S. dal posto d'osservazione notturno."
WO95/2749 – Diario di guerra – 240ª (I South Midland) brigata R.F.A. della 48ª divisione

Il sergente Thomas Boddington del 1/5° batt. Gloucesters si trovava in prima linea al momento dell'attacco. Ecco quando ricordava nelle sue testimonianze:

" ... aspettai sino a che la prima ondata arrivò a circa 50 iarde e poi diedi l'ordine di fuoco. Sulla nostra sinistra il reticolato era saltato, lasciando un varco, dove molti uomini caddero sotto il nostro fuoco. Continuammo a sparare agli austriaci che avanzavano, fino a che non raggiunsero un punto morto davanti alla nostra linea. Allora iniziammo a tirare bombe a mano. La valletta alla nostra destra, poco profonda, si popolava di austriaci in corsa, mentre avemmo la sensazione che si combattesse dietro di noi. Tuttavia quelle infiltrazioni furono bloccate in maniera soddisfacente. A quel momento gli austriaci avevano guadagnato alcune posizioni sulla nostra spianata e sentivo che eravamo impegnati su tre lati. Inviai Lyons indietro in cerca di soccorsi, ma tornò con la notizia che la compagnia del Quartier generale era accerchiata. Allora tutto accelerò in maniera brutale e rapidamente ci trovammo circondati. Il primo a cadere fu Richards e molti furono feriti. Io ricevetti una pallottola nel mio braccio destro, che tagliò l'arteria, facendomi sanguinare copiosamente. Mentre un mio soldato stava cercando di arrestare l'emorragia, si affacciò un ufficiale austriaco, sul parapetto, che, coprendomi con la pistola, urlò qualcosa che fece arrivare di corsa la Croce Rossa austriaca ad assistermi. Mi misero un laccio e l'ultima cosa che ricordo aver fatto prima di svenire, fu di chiedere un po' d'acqua. L'ufficiale non fu in grado di esaudire il mio desiderio in quanto avevano ordine di mantenere le borracce colme per poter raggiungere la pianura senza dover cercare acqua. Gli offrii anche una banconota da 100 lire, ma lui la rifiutò." **Sergeant Thomas Boddington**
Boddington fu fatto prigioniero ed in seguito subì l'amputazione del braccio ferito. Nel frattempo i

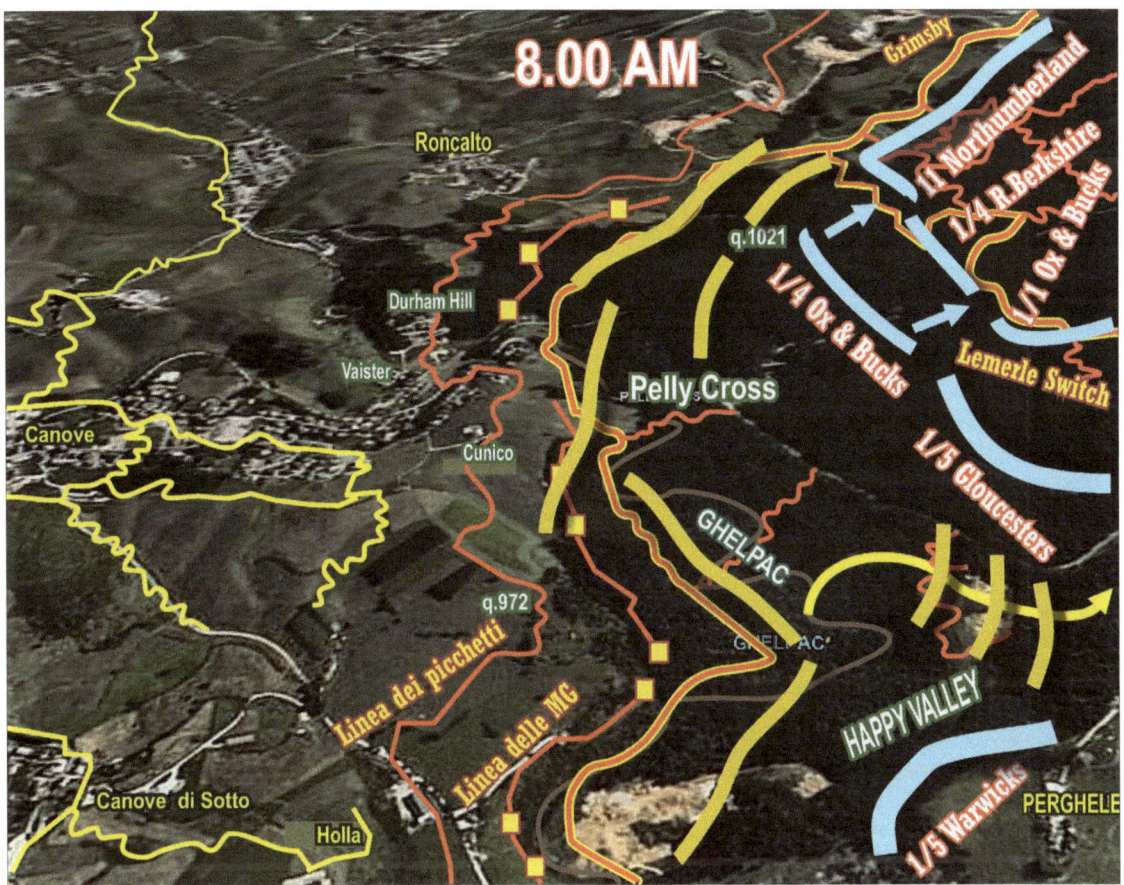

▲ Situazione alle ore 8 del 15 giugno sul fronte della 48ª divisione britannica. Lo sfondamento austriaco.

Gloucesters erano stati ricacciati indietro prima formando una specie di linea a forma di "S" e poi in una ulteriore linea arretrata. Il battaglione, che, in tarda mattinata, aveva soltanto 200 uomini attivi, divisi in due gruppi, si attestava, provato sul versante ovest del Lemerle, alla cosiddetta Lemerle Switch. Tra i due gruppi tuttavia non esistevano più contatti. Quello di destra era arrivato a ridosso delle linee dell'1/1° Ox. & Bucks, mentre quello di sinistra era più a nord, nel bosco, direttamente a contatto con gli austriaci, e collegato a destra con le truppe di rinforzo inviate sulla Cesuna Switch.

"Fino alle 8.15 AM il nemico rimane bloccato sulla nostra seconda linea, subendo gravi perdite, soprattutto alla sua sinistra (dove abbiamo ritrovato numerose salme, con anche due ufficiali appesi ai reticolati della postazione di mortai italiana, quando abbiamo ripreso la linea). Tuttavia il nemico, portando in linea numerose mitragliatrici leggere e granate da fucile, si porta sui fianchi della nostra nuova linea e preme anche al centro.
Questa determina il ritiro della linea dietro la strada Cesuna-Canove e ditro la mulattiera H 32.33. Le nostre forze sono ridotte a due compagnie composite: a sinistra i resti della comp. d'appoggio e i serventi del quartier generale, schierati grosso modo tra la H 32.33 e l'incrocio con la strada di Canove ad H 355-360; a destra la comp. degli avamposti e i resti della comp. di fronte destra, schierati dall'incrocio sino alla linea ferroviaria in H 39-36. Ma il nemico tenta un ulteriore aggiramento rendendo necessaria un'ulteriore ritirata verso le 9.15 AM. Durante la manovra si perdono tutti i collegamenti tra le due compagnie, in mezzo al bosco fitto, e le perdite sono numerose. Tuttavia riusciamo a formare una nuova linea lungo e attraverso la ferrovia da H 33.31 sino a H 345.310, di lì ancora per circa 200 x. (metri? NdT) lungo la ferrovia e infino sino a quasi H 39.33. Qui, dopo essere riusciti a ristabilire le comunicazioni sui fianchi, in seguito alla decisa pressione nemica sulla strada Cesuna-Canove, la linea ripiega ancora dietro la comunicazione tra la strada e Pelly Cross. Durante questa ennesima ritirata, la copertura viene fornita dalle Lewis del Serg. R.A. Burton, che provvede anche a stabilire una comunicazione con

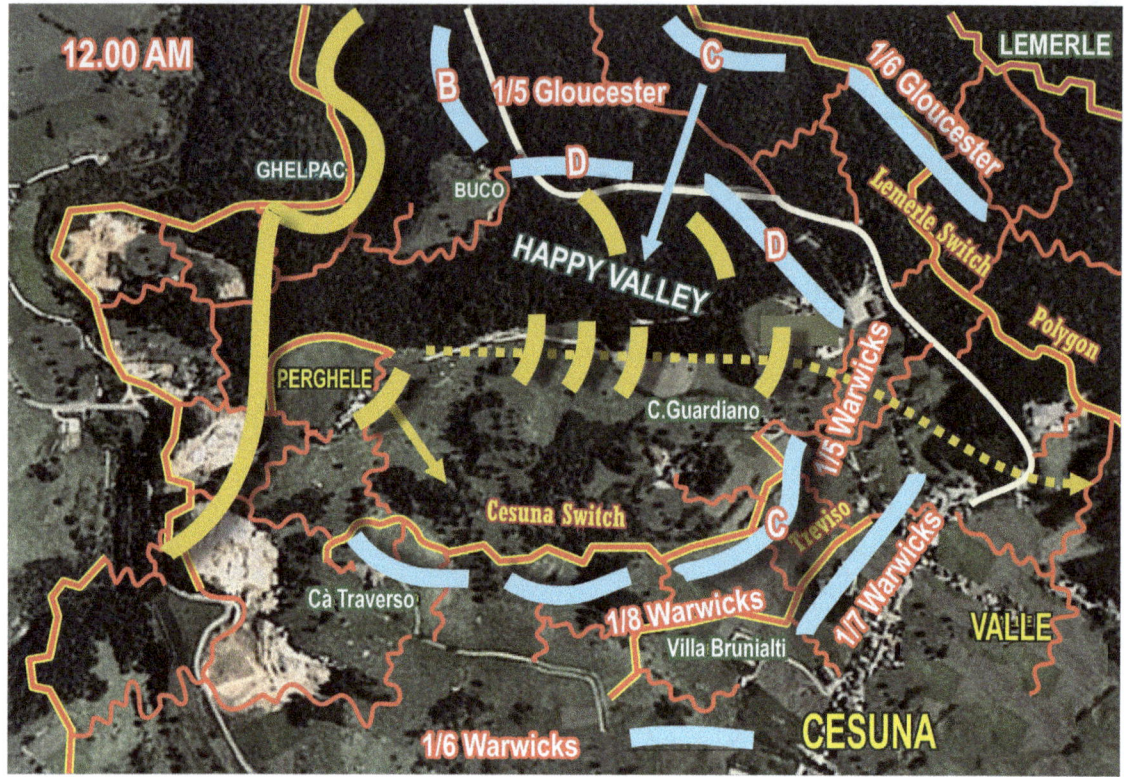

▲ Situazione alle ore 12.20 del 15 giugno sul fronte della 48ª divisione britannica. L'ultimo assalto austroungarico.

la brigata, non appena il comando di battaglione ripiega sulla Lemerle Switch. Una postazione è organizzata, avanti, circa ad H 305.355, sotto la mulattiera, e si forma un fianco difensivo sulla destra alla giunzione del sentiero C con la linea di massima resistenza. Nel frattempo la nostra compagnia di fronte destra, di cui avevamo perso ogni traccia, riesce a ripiegare alle 10.15 AM nella Lemerle Switch. La compagnia a sinistra ora può ricevere il supporto dei pezzi della 102ª batteria R.F.A. che tiene a bada il nemico, sparando a vista." **WO 95/4251– 145ª brigata - 1/5° batt., the Gloucesters**

La "Battle of the Cooks"e l'arresto dell'avanzata austriaca

Come citato nel diario di guerra, le due compagnie frontali del 1/4° Oxfordshire e Buckinghamshire furono spinte indietro sopra la quota 1021 del Boscon, una gobba di fitto bosco, davanti al Quartier generale di battaglione.

7.10 AM: *il quartier generale di battaglione (BHQ) lancia l'S.O.S.*

7.15 AM: *arriva informazione della penetrazione nemica attraverso la linea e del suo avanzare verso il BHQ. La compagnia del Quartier generale è fatta schierare a difesa del BHQ.*

8.00 AM: *il nemico ha grosso modo raggiunto la linea quota 1021, H 428–369, e H 398-367. La compagnia di fronte sinistra non è riuscita a prendere contatto con il battaglione di sinistra e forma uno schermo circa all'altezza della ferrovia, seguendone il decorso per coprire il proprio fianco.*

9.00 AM: *la linea del fronte si trova ora circa 150 iarde dietro quella originale.*

9.50 AM: *il ponte della ferrovia è ancora tenuto dalla compagnia di fronte sinistra. Riferito pesante fuoco proveniente dal settore dietro a Pelly Cross."*

WO 95/4251– 145ª inf. brigade - battaglioni; 1/4° batt. Oxfordshire e Buckinghamshire.

Il comando di battaglione, dopo aver lanciato l'S.O.S. al comando di brigata, raccolse tutti gli uomini a disposizione, in pratica tutti quelli che potevano tenere un fucile: cuochi, serventi, impiegati, magazzinieri ecc. Ancora oggi l'episodio è citato come "la battaglia dei cuochi" nei racconti e la tradizione del reggimento. Nonostante il breve intervallo dovuto al fortunato contrattacco, la nuova linea inglese si stabilizzava sulla quota 1021 e lungo la mulattiera di Roncalto, con a destra la compagnia D dei Royal Berkshire (1/4° batt.), giunti di rinforzo da malga Carriola. L'altro troncone del battaglione, a sinistra, raggiunse le linee del 1/1° Ox. & Bucks, schierato a difesa della Lemerle Switch. Dopo una rapida radunata, il gruppo di sinistra prendeva posizione sulla parte nordorientale di quota 1021, in una linea improvvisata fatta a ferro di cavallo che non contemplava alcun contatto a destra con il battaglione del Northumberland.

"10.30 AM: due plotoni della compagnia di riserva del reggimento vanno al contrattacco e raggiungono la vecchia linea del fronte, rimanendo in posizione per circa 20 minuti. Il nemico possiede nidi di mitragliatrici, non organizzati, sulla nuova linea del fronte in mezzo agli alberi. La carreggiabile di Roncalto è presidiata dalle compagnie C ed A, dalla strada sino a Chalk Farm.

11.00 AM: *teniamo una nuova linea grosso modo sulla strada carreggiabile per Roncalto sino a quota 1021.*

12.00 AM: *nessuna variazione sulla linea."*

WO 95/4251– 145ª inf. brigade - battaglioni; 1/4° batt. Oxfordshire e Buckinghamshire.

La situazione rimase critica per tutta la mattina, anche per le batterie schierate in postazione avanzata, ma ora iniziavano ad arrivare i primi rinforzi britannici. I primi a raggiungere le nuove linee difensive, come detto, furono i soldati del 1/4° R.Berkshire, a quota 1021.

"La compagnia D raggiunse gli Oxfords a mezzogiorno e soffrì alcune perdite nel pomeriggio mentre si adunava all'aperto per il contrattacco. Lì fu ucciso il capitano C. Buck, un ufficiale buono e perbene." **Charles Robert Mowbray Fraser Cruttwell**

In tarda mattinata, i comandi superiori inglesi, iniziarono a far affluire unità della 144ª brigata. Il 1/8° battaglione Worcesters si avvicinò al nuovo fronte dopo un faticosissimo viaggio lungo la strada Cavan (da monte Brusabò) e un lungo giro per aggirare Handley Cross, bloccato dall'incendio, passando tra alberi divelti, rami a pezzi e buche piene di gas, di notte e in piena oscurità anche causa la nebbia. La marcia, iniziata alle 4.25 AM, si arrestò sulle nuove posizioni, verso quota 1021. Le compagnie di destra incontrarono davanti a se i soldati dell'Oxford. & Bucks, un plotone liberò la trincea Pelly senza incontrare resistenza collegando a sinistra la comp. D dei Worcesters e a sinistra l'11° batt. Northumberland. Lungo la strada di Roncalto si vedevano avamposti austriaci, così come sulla collina Durham, e così alcune pattuglie furono inviate per far sgomberare quelle posizioni. Le compagnie A e B presero posizione in linea, dando il cambio al 1/4° batt. Ox & Bucks, che a partire da mezzogiorno avrebbe dovuto essere fatto rientrare a scaglioni sino a malga Carriola. [29]

Nell'area detta Buco di Cesuna il 1/5° Gloucesters schierava due compagnie: la D a sinistra e la B a destra. La compagnia A aveva il compito di garantire i "picchetti" a nord del Ghelpac, lasciando un presidio di rinforzo alla prima linea nei pressi del comando di battaglione, e lasciando la compagnia C di riserva, circa 500 iarde dietro il nuovo fronte. La compagnia di fronte sinistra (D) era in contatto con un'altra compagnia D (del 1/5° Warwickshire) al passaggio sulla Happy Valley, ad est della fattoria di Perghele. Qui la linea era debolissima, con pochi soldati appoggiati dalla comp. D del 48° battaglione mitragliatrici divisionale (postazioni R8 e R10 dotati di armi Vickers). Come nel 1916, qui gli austriaci avevano esercitato la maggior pressione, sia con i cannoni, sia con le fanterie.

Un forte ulteriore attacco nell'area investiva la comp. D dei Gloucesters, mentre parte dell'ondata sciamava a sinistra colpendo sul retro la dorsale di Perghele ed i suoi difensori. In breve si aprì una pericolosa breccia nello schieramento che portò gli attaccanti a ridosso delle linea di massima resistenza sui monti, costringendo gli inglesi a schierare tutti gli uomini a disposizione, compresi i serventi delle batterie cui furono dati fucili. Il fuoco delle mitragliatrici divisionali fece vacillare gli austriaci, costretti a ritardare la seconda ondata d'assalto.

"Le mitragliatrici avanzate del settore della brigata di destra ebbero enormi difficoltà date le loro posizioni isolate e l'estremamente complessa natura del terreno. Tuttavia, nei primi momenti dell'attacco, riuscivano ad infliggere severe perdite al nemico. Sul settore di sinistra invece tutte le mitragliatrici eseguirono un ottimo lavoro controllando i settori della propria linea." [30]

WO 95/4246 – 48ª Divisione – diario di guerra– battaglione mitragliatrici

I Gloucesters ebbero così il tempo di inviare la compagnia C (riserva) giù nella Happy Valley, per riprendere la posizione avanzata di quota 972. La contromossa fu efficace, rigettando gli austriaci sino al Ghelpac, ma l'attacco era ancora rinnovato con l'appoggio delle mitragliatrici leggere Schwarzlose, e gli austriaci ripresero ad avanzare sul fondovalle e sulla cresta di Perghele. Alle 12.20 circa avveniva l'ultimo sussulto del grande attacco austro-ungarico, nel punto dove erano schierati i resti del 1/5° Gloucesters in collegamento con i rinforzi da poco arrivati sul versante ovest del Lemerle (1/5° Warwickshire). Il combattimento fu drammatico e confuso con i britannici più volte accerchiati e liberati da contrattacchi (testimonianze orali e scritte asserivano che alcune pattuglie austriache riuscirono a penetrare le difese in profondità, riuscendo a risalire il bosco sino a malga Carriola, forse più con l'intento di arrendersi che di nuocere. Ma la notizia non trovò riscontro ufficiale).

"La linea resiste sino alle 12.30 PM quando il nemico riesce ad appostare le mitragliatrici in tiro d'infilata e ci costringe a ripiegare di altri 50 x (m? NdT) dietro il sentiero.

Qui entriamo in collegamento con i Royal Warwicks a sinistra e con la nostra compagnia di destra nella Lemerle Switch, circa alle 1.30 PM. Alle 2 PM la compagnia di sinistra avanza per cercare di rastrellare il bosco. Avanza circa 250 x (m ? NdT) e cattura qualche prigioniero, ma quando raggiunge la strada Canove-Cesuna è sorpresa da 3 mitragliatrici e forte fucileria circa all'altezza di H 34.31. Durante il tentativo di aggirare il nemico, escono allo scoperto altre due mitragliatrici, mentre un grosso gruppo nemico compare di fronte e sul fianco destro. a compagnia in avanscoperta deve pertanto ritornare alla posizione di partenza dove tutti i tentativi nemici di passare il sentiero, attaccando, sono respinti con molti caduti tra le sue fila. Su tutto il fronte il fuoco delle mitragliatrici nemiche continua, micidiale. La linea comunque è riorganizzata e presidiata da ciò che rimane del nostro gruppo d'appoggio e dalla compagnia degli avamposti, dislocando un plotone d'appoggio a 300 x (m ? NdT) sulle pedici del Lemerle, con i resti delle due compagnie di fronte come riserva, assieme ai serventi di Quartier generale, tutti dentro la Lemerle Switch.

Più tardi, verso sera, si stabilisce un collegamento con una compagnia del Royal Berkshire, sulla destra, e, alle 6.30 PM, sulla nostra sinistra arrivano truppe della 144ª brigata. Tentano subito di portarsi avanti, ma senza successo, e non riescono a rastrellare il bosco sino al mattino seguente. Le nostre pattuglie restano dietro di esse, quando rientrano ad occupare la nuova linea. Durante tutte queste operazioni abbiamo inflitte numerose perdite al nemico.

Gia avamposti di estrema destra, consegnati agli Oxfords, sono invece rimasti occupati sino al tardo pomeriggio".

WO 95/4251– 145ª brigata - 1/5° batt., the Gloucesters

Gli austriaci furono comunque respinti e ricacciati nel fondo valle, oltre i reticolati, dopo aver reiterato gli attacchi sino alle ore 15 del pomeriggio. Gli ultimi plotoni del 1/4° Ox. & Bucks osservarono l'evolversi delle vicende:

"**2.15 PM**: la compagnia di fronte sinistra inizia a ritirarsi lungo il lato est della Princess Road per portarsi a ridosso (un po' più a nord) di Pelly Cross, e poi dirige a sud verso Lemerle Switch. Tutte le compagnie si riordinano e rinforzano la linea a ridosso del comando di battaglione.

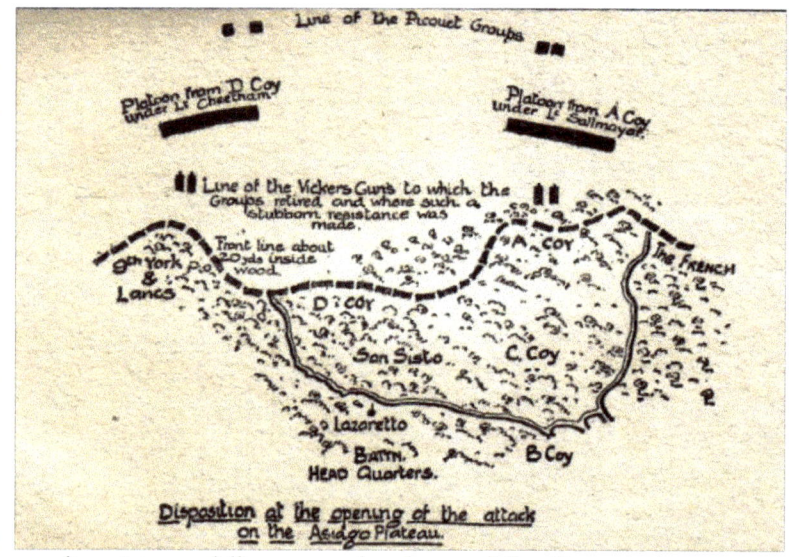

▲ disposizione dell'estrema ala destra della linea inglese prima dell'attaccobritannica.

3.00 PM: *il comando di brigata riferisce che il nemico avanza in forze da Canove di Sotto.*
9.00 PM: *la nuova linea si consolida com'era a mezzogiorno in una serie di capisaldi contigui. Circa 30 iarde davanti ad essa si stende il reticolato leggero."* **WO 95/4251– 145ª inf. brigade - battaglioni; 1/4° batt. Oxfordshire e Buckinghamshire.**

La situazione, tuttavia, rimase critica fino a sera, quando la 144ª brigata completava lo schieramento in linea. I Gloucesters rimasero in trincea tutta la notte e non furono avvicendati come i colleghi di destra del 1/4° Ox. & Bucks. Subirono continuamente il fuoco di rappresaglia delle mitragliatrici austriache, ma, per fortuna, l'alzo delle armi era troppo elevato per rappresentare un rischio reale.

L'attacco fiancheggiante contro Perghele

La prima linea del sistema difensivo sinistro di Cesuna, come detto, era invece difeso dalla 143ª brigata, comando a quota 1152, con in prima linea il 1/5° "Warwicks" (Warwickshire; già incontrato dopo il ripiegamento davanti al paese). Il battaglione entrava in linea la notte tra il 12 ed il 13 giugno, dando il cambio all'1/8° Warwicks sulla cosiddetta Cesuna Switch. Al sottosettore di divisione sinistro la compagnia B prendeva la linea di sinistra, mentre la A quella di destra. Il comando di battaglione restava al campo del Busibollo e le altre due compagnie erano in riserva all'interno del complesso della Cesuna Switch.

Gli altri "gemelli" del Warwickshire erano: l'1/7°, riserva in val Magnaboschi; l'1/8° al comando di brigata e l'1/6° in riserva a malga Carriola. In origine la trincea di prima linea (Thinle) era difesa da circa 436 uomini per una lunghezza di circa 2500 metri; tale era la forza del 1/5° "Warwicks" all'inizio della battaglia. Tuttavia la parte di linea che andava dalla strada di Canove lungo il ciglio della gola del Ghelpac (compagnia B) era ripida e rocciosa, quasi imprendibile. Per contrasto la sezione di trincea stesa all'altezza della strada della Happy Valley (compagnia A) era accidentata, in mezzo a roccioni, alberi e spuntoni, francamente assai debole considerando che era presidiata da soli 80 soldati. I comandi di settore erano sparsi dietro la linea: il comando di battaglione in un ricovero tra le rocce sotto il pendio della fattoria Perghele con il punto segnalazioni nei pressi, a circa 100 metri dalla prima linea; la stazione di comunicazioni era anch'essa nei paraggi; l'osservatorio di battaglione, assieme alla stazione segnali a vista ed al comando di brigata erano su quota 1152. Il battaglione divisionale mitragliatrici (48°) aveva in zona la compagnia B con 12 armi in linea, di cui due schierati a difesa dello sbocco della valletta di Holla mentre la 143ª batteria lanciamine schierava 5 armi in linea e tre in riserva a Perghele. Come detto, alcune batterie di artiglieria erano schierate nella zona in posizione offensiva.

Anche qui il bombardamento iniziale interruppe tutte le comunicazioni generando parecchia confusione. Alle 4.45 AM, nell'incertezza generale, il comando di brigata riceveva l'ordine di presidiare in forza la Cesuna Switch, disposizione ritrasmessa ai battaglioni in riserva 1/8°, che entrava nel sistema difensivo del paese di Cesuna e 1/6° Royal Warwickshire, che si portava al comando di brigata. L'ordine al battaglione 1/8° fu portato a compimento in tempi rapidi in quanto intercettato direttamente dal capitano A. Bridges, di "picchetto" con la sua compagnia di pronto intervento. La compagnia si mosse subito ed alle 6.30 AM andava a rinforzare le truppe alla trincea Treviso, già esposta al tiro delle mitragliatrici da Perghele.

Il precoce sfondamento austriaco all'inizio della Happy Valley, com'era prevedibile, travolgeva subito la debole compagnia D (avamposti) del 1/5° Warwicks; il suo capitano, J. B. Florance, fu catturato prima di poter far rapporto. Circa alle 7.30 del mattino fu bombardata e catturata la stazione comunicazioni avanzata con gli austriaci che minacciavano il comando del battaglione. Un debole contrattacco condotto dal capitano, comandante in seconda, W.A.P Watson non riuscì a chiudere il varco e lo stesso ufficiale fu ferito nell'azione. Nel tentativo di recuperare la stazione di comunicazioni, il maggiore E.A.M. Bindloss portò all'attacco, su per la china, un secondo gruppo dei Warwicks, ma rimase ucciso durante l'assalto. Il battaglione rimase senza ufficiali superiori e senza stazione segnali, costringendo le sue compagnie ad agire d'iniziativa, arrangiandosi in assenza di ordini superiori.

▲ Dietro le linee del fronte la sussistenza britannica sempre bene organizzata.

15 giugno: *il nemico inizia un bombardamento pesante su tutto il fronte della divisione, estendendolo anche al contiguo settore italiano sulla nostra sinistra alle 7.00 AM. L'attacco delle fanterie inizia alle 7.00 AM ed è diretto specialmente diretto contro la nostra compagnia di fronte destra. Il nemico riesce a sfondare temporaneamente il fronte di destra e ad occupare la Perghele House e la sua dorsale. Nell'occasione cade sul campo il (comandante di battaglione. NdT) maggiore Bindloss ed il capitano Watson viene ferito, proprio all'inizio dell'attacco. Il capitano Carter, invece, è avvistato per l'ultima volta mentre sta salendo alla Stazione d'avvistamento. Durante la giornata il battaglioni 6° ed 8° Warwicks contrattaccano, riprendendo il terreno perduto.*
WO 95/4248 – 143th inf. brigade - 1/5° batt., the Royal Warwicks

Vicino alla fattoria di Perghele si difendevano i resti della compagnia comando e dello staff del quartier generale, 13 uomini tra cuochi, serventi e impiegati, assieme a qualche soldato della compagnia trasmissioni divisionale, adunati dal Warrant Officer di prima classe, Frank Townley.[31] L'insperata resistenza dell'estemporaneo gruppo, appoggiato da villa Brunialti da una sezione Lewis, servì anche ad impedire un attacco diretto a Cesuna ed allo Zovetto, da sud.

La compagnia C dell'1/8° Warwicks, come detto, aveva preso posizione alla trincea Treviso, una parallela tra la Cesuna e la Lemerle Switch che andava sui campi delle fattorie, dà Cà Traverso sino a villa Brunialti (con una sezione dentro la casa), e di là sino a casa del Guardiano, una fattoria posta su uno sperone sopra lo sbocco di Valle. La Treviso era però troppo estesa per poter essere difesa solo da una compagnia. Solo alle 8.00 di mattina l'ufficiale dell'Intelligence di brigata ritornava al comando per confermare lo svolgersi di un violento attacco austriaco. A quell'ora la cosa era del tutto superflua; bastava ascoltare il rumore della battaglia. Il posto di osservazione riferiva di forti gruppi austriaci che emergevano dal bosco occidentale della Happy Valley per dirigersi su Perghele, mentre più oltre, altrettante grandi formazioni si vedevano scendere dalle ridotte di Ambrosini e risalire la china del Ghelpac. Alle 8.45 si videro anche razzi di soccorso che partivano dalla Happy Valley, segnalando che gli austriaci avanzavano verso Valle.

Le rimanenti compagnie dell'1/5° Warwicks avevano cercato di fare il possibile per aiutare la compagnia avanzata. La compagnia B era stata affrancata dalla linea, grazie alla copertura dei reparti italiani della 12ª divisione, evento assai gradito a Fanshawe, ed aveva serrato a destra per controllare la valletta di Holla. Qui, dove gli austriaci stavano attrezzando le line di rifornimento avanzate per l'attacco, riversarono il fuoco concentrato delle Lewis e dei lanciamine Stokes, devastando i nemici intrappolati nella posizione.[32] La compagnia A era intanto ripiegata a contrada Graser, mentre la compagnia C, anch'essa di propria iniziativa era risalita alla Cesuna Switch.

Come detto in riferimento all'estrema difesa del battaglione 1/5° dei Gloucesters, la crisi avvenne verso le ore 12 allo sbocco del terreno davanti a Valle. L'occupazione della trincea Treviso, situata più in alto rispetto al fondovalle, non aveva impedito la progressione austriaca. Davanti alla piccola contrada di Cesuna c'erano pure scarsi reticolati, pieni di brecce causate dal bombardamento, ed un abbozzo di trincea presidiata dal consueto, eterogeneo, mucchio di difensori: zappatori, mortaisti inglesi e bombardieri italiani, artiglieri della 240ª brigata R.F.A. che si alternavano con il fucile ed al maneggio di alcuni pezzi da 18 libbre o obici da 4.5 pollici. C'erano anche sbandati dei Gloucesters e drappelli del 1/8° Warwicks mandati avanti, oltre le linee della compagnia C. Gli austriaci occuparono casa del Guardiano aprendo il fuoco di mitragliatrici contro Valle, ma furono zittiti a colpi di obice. Già a mezzogiorno però si ebbe l'impressione che l'attacco perdesse d'intensità (i più maligni segnalarono che gli austriaci avevano scoperto il deposito di battaglione dei Gloucesters, rhum e gallette a volontà). L'assalto austriaco si bloccava quindi sul lato orientale di Valle, rivolgendosi a sinistra verso il Lemerle.

"Alle 10.00 AM la 145ª brigata informa che non riesce a tenere il fronte a sud di Roncalto sino a nord di Cà Traverso e che si porta su una linea 100 x dietro di essa.

Alle 10.05 AM un'ordinanza della C/240 riferisce che la stessa ha lasciato la postazione, portando via otturatori e segnaletica, e che il nemico ha catturato i suoi cannoni.

Alle 10.15 AM un rapporto del comando dice che il nemico ha raggiunto Perghele e che sta ancora avanzando giù dal pendio di Ambrosini.

Alle 10.40 AM viene attaccata la A/240 che disperde tre gruppi di fanteria nemica tra quelli in vista che arrivano da Ambrosini.

Alle 11 AM il comando operativo della D/240 riferisce : "il nemico presidia il bosco presso H 33 Central a circa 800 x dalla batteria. Sto aiutando a tenere la Cesuna Switch, sparo la carica prima". Dopo aver evacuato la sua postazione, il maggiore Corsan distribuisce i fucili ai propri serventi e aiuta a tenere la Cesuna Switch."

WO95/2749 – Diario di guerra – 240ª (I South Midland) brigata R.F.A. della 48ª divisione

Verso le 10 del mattino, comunque, il comando di divisione aveva attivato il battaglione di riserva in val Magnaboschi, ultima risorsa prima della retrovia. Il 1/7° Warwicks fu quindi avviato verso Valle, riconoscendo il punto critico dell'attacco austriaco, e prese posizione tra il battaglione dei Gloucesters ed il 1/8° Warwicks, ripiegato da casa del Guardiano. Il ten.col. Knox, suo comandante, non si accontentò di dissuadere gli avversari con un nutrito fuoco di fucileria, ma partì al contrattacco contro la casa del Guardiano, riprendendo la posizione con le proprie sezioni Lewis. In seguito Knox fece partecipare le sue truppe a ben due contrattacchi: il primo verso le 6 di sera, portato assieme al 1/6° Gloucesters, il secondo alle 8 di sera diretto verso il greto del Ghelpac. Ambedue le operazioni rimasero senza esiti e furono respinte dalle mitragliatrici austriache. Il diario di guerra di battaglione fu estremamente succinto:

15-16 giugno: a partire dalle 3 AM il nemico bombarda violentemente il settore con granate a shrapnel HE e proiettili a gas di tutti i calibri. Alle 6 AM lancia la sua fanteria all'attacco. Il battaglione è chiamato all'azione circa alle 10.00 AM e continua a combattere fino circa alle 12.00 del giorno 16. Perdite: un ufficiale ferito, il 2° ten. A.J. Shaw (poi deceduto), altri soldati e NCOs 11 morti e 46 feriti (di cui 4 deceduti più tardi a causa delle ferite subite), molti feriti leggeri rimasero in servizio.

WO 95/4248 – 143th inf. brigade - 1/7° batt., the Royal Warwicks

"*Nel pomeriggio le batterie A/240 e B/240 battono parecchi raggruppamenti nemici e li disperdono, la prima delle due centra anche 3 batterie nemiche all'aperto e le neutralizza. La D/240 continua il maneggio dei pezzi fino a che la postazione diventa indifendibile a causa delle mitragliatrici nemiche. Il personale ri ritira con otturatori e segnaletica e si reca a dare una mano al personale della 12ª batteria, schierata dietro la D/240, per maneggiare i loro pezzi.*

Circa alle 6.00 PM è organizzato un contrattacco sulla sinistra, ma non ha esito felice. Durante la notte i pezzi della C/240 restano in mano nemica, mentre la D/240 porta indietro i suoi, con l'oscurità, sino ad una postazione dietro m. Carriola. Alle 9.00 PM il ten. E. Carter della C/240 è ucciso da una scheggia di granata."

WO95/2749 – Diario di guerra – 240ª (I South Midland) brigata R.F.A. della 48ª divisione

▲ Sturm truppen austriache dietro le trincee, alla prese con un lancia granate.

LA NOTTE DEL CONTRATTACCO INGLESE ED IL 16 GIUGNO

Il contrattacco dei Worcesters

Per tutto il pomeriggio del 15 giugno gli inglesi furono costretti ad impiegare tutte le proprie riserve. Anche i battaglioni 1/6° Gloucesters (contrattacco delle 18) e 1/7° Worcesters (zona del Lemerle). Sulla nuova linea che andava da casa del Guardiano, davanti a Cesuna, sino a quota 1021 del Boscon, fu preparato il contrattacco decisivo che doveva riportare il fronte alle posizioni del 14 giugno. Durante la notte i comandi di brigata informarono che il battaglione 1/8° Worcesters avrebbe attaccato di notte in direzione di Pelly Cross, allo scopo di prendere sul fianco gli austriaci nella Happy Valley. Il contrattacco locale doveva essere preludio ad una più vasta azione congiunta portata avanti dalle due brigate 143 e 144.

Ancora una volta il diario di guerra del battaglione 1/4° Oxford & Bucks giunge in soccorso raccontando la vigilia del contrattacco britannico.

16 giugno: 1.20 AM: *giungono informazioni secondo le quali il batt. 8° Worcesters contrattaccherà alle 4.30 la linea di fronte di Pelly Cross.*

1.25 AM: *posizioni immutate. Vicino alla linea degli avamposti il nemico lancia numerosi razzi Very e fa fuoco intermittente con le mitragliatrici.*

2.30 AM: *giungono ordini per il nostro contrattacco (come da copia conforme all'orginale dei Worcesters).*

3.00 AM: *si ordina lo "Stand to". I razzi Very ora sembrano provenire da più lontano. Si sente fuoco di mitragliatrici pesanti più o meno all'altezza di H 405-320.*

4.30 AM: *pronti al contrattacco, tuttavia non ci sono notizie dei Worcesters.*

WO 95/4251– 145ª inf. brigade - battaglioni; 1/4° batt. Oxfordshire e Buckinghamshire.

Alle 4.30 AM, tuttavia, il battaglione dei Worcester era partito all'assalto con il supporto delle artiglierie, che battevano le strade a nord del Ghelpac e con i lanciamine che bombardavano le fanterie avversarie. La storia del reggimento Worcestershire così sintetizza l'azione:

"il battaglione del Worcestershire avanzò alle 4.30 AM, accolto da un forte fuoco uscendo di linea. Tuttavia la violenta battaglia notturna ebbe esito felice. Ormai agli austriaci mancava il cuore, e già da prima dell'inizio dell'attacco la loro resistenza stava collassando. Il battaglione fu affiancato da gruppi del Gloucestershire, dei Royal Warwickshire e dei Royal Berkshire e gli austriaci furono ricacciati nel bosco, in rotta. L'ondata proseguiva anche dopo la grigia luce dell'alba, ricatturando i cannoni perduti e prendendo torme di prigionieri..."

L'attacco era stato affiancato soprattutto dall'1/7° Worcesters, dall'1/4° R. Berkshire, dall'1/6° Gloucesters e infine dall'1/7° Warwicks. Alle 7 del mattino l'operazione poteva dirsi felicemente conclusa con il ripristino pressoché totale delle linee originarie.

4.40 AM: *un rapporto conferma che i Worcesters sono andati avanti. Si ordina ai lanciamine di iniziare il barrage. Un plotone del 1/4° R.Berkshire si porta avanti, verso le postazioni di destra degli Oxfords. La linea è un semicerchio che tocca, approssimativamente, H 432-330, H 451-340, H 469-331. Un altro plotone dei Berkshires va avanti in appoggio. Non s'incontra alcuna opposizione e non si trova alcun nemico. Nessun combattimento ha luogo...*

5.45 AM: *rioccupiamo la linea originale del fronte. Inviate fuori pattuglie allo scopo di contattare il nemico verso quota 1021, dove lo trovano in grandi masse; tornano indietro per avere assistenza.*

6.00 AM: *una compagnia dell'1/8° Worcester seguita dai Royal Berkshire occupa parte della vecchia linea, il resto non si vede ancora.*

Note sulla battaglia: *le comunicazioni con le compagnie di fronte sono state distrutte nei primi 5 minuti (notte del 15. NdT), e le linee che comunicano con il comando di brigata erano già fuori servizio sin dalle 3.45 AM. In seguito a ciò sono state organizzate comunicazioni a vista tra il BHQ ed il comando di battaglione.*
- i rifornimenti sono arrivati sempre in numero richiesto ed al momento opportuno;
- i razzi S.O.S. non hanno funzionato. Quelli tirati al comando di battaglione si sono accesi dopo essere scesi

dietro la cima degli alberi, mentre quelli tirati dalla compagnia di fronte sinistra non si sono nemmeno accesi.
- i collegamenti sui fianchi con altri battaglioni hanno ceduto subito. Le pattuglie inviate a ripristinarli non riuscivano a trovare le truppe amiche e la situazione sui fianchi fu critica per tutta la giornata: si ricevevano informazioni solo dal battaglione schierato sulla Lemerle Switch.
Quando la situazione è stata completamente ristabilita, abbiamo organizzati i gruppi per cercare ed evacuare i feriti ed i caduti nostri e del nemico. Per quello scopo siamo ricorsi anche ai prigionieri, che hanno aderito spontaneamente a prestare aiuto. Abbiamo recuperato discrete quantità di bottino: mitragliatrici, lanciafiamme, set di telefonia e di ascolto.
Le nostre perdite sono state: 42 morti, 92 feriti e 34 dispersi. Tra gli ufficiali: 5 morti, 3 feriti (uno morto poco dopo per le ferite). Il battaglione ha ricevuto il cambio dall'8° Worcesters, con inizio alle 2.30 PM del 16, e ha marciato verso Carriola."

Alle 7 di mattina il generale Fanshawe si portò in linea ad ispezionare la situazione e ad incitare le truppe a riprendere tutta la linea originale. Con un ultimo sforzo e con una scarsa opposizione austriaca, alle 8.15 del mattino, le linee erano tornate com'erano alla vigilia della battaglia. Ancora una volta, come nel 1916, gli austriaci si erano fermati sotto il Lemerle.

16 giugno 7.00 AM: *una operazione combinata di tutti e quattro i battaglioni del Royal Warwickshire (5°, 6°, 7° ed 8°) riesce a rioccupare completamente le linee originali. Le perdite nemiche degli attacchi sono state severe. Si stima che almeno 200 soldati nemici giacciano nelle nostre linee. Durante gli eventi del 15-16 giugno abbiamo catturato 150 prigionieri. Le nostre perdite sono state lievi e cioè:*
Ufficiali caduti: maggiore A.M. Bindloss, 2° ten. J.H. Goode. Feriti il capitano W.A.P. Watson ed il 2° ten. H.W. Hughes. Dispersi i capitani P.G. Carter e J.B. Morance, con il 2° ten. A.G.C. Brown. Truppa e sottufficiali: morti 14, feriti 28, dispersi 30.

WO 95/4248 – 143th inf. brigade - 1/5° batt., the Royal Warwicks

16 giugno: 1.00 AM: *le nuove linee S.O.S. sono adattate alle linee difensive esistenti.*
Alle 7.30 AM parte una altro contrattacco e il nemico è completamente respinto. Raggiungiamo la nostra linea originale alle 9.00 AM. I pezzi della C/240 sono allora riportati alla postazione nei pressi di Carriola. Il Comando d'artiglieria fa visita alla brigata nel pomeriggio. Tutte le comunicazioni sono ripristinate.

WO95/2749 – Diario di guerra – 240ª (I South Midland) brigata R.F.A. della 48ª divisione

"Il mattino dopo, molto presto, con la cooperazione della compagnia C ed un plotone della A, si fece un'avanzata del tutto trionfale fino alla vecchia linea. Il nemico ormai era allo scoramento, tanto era palese il fallimento dei loro sforzi. Fecero appena l'ombra di una resistenza e più di 60 prigionieri rimasero in nostre mani. Il giorno precedente la compagnia C era già stata impegnata a chiudere un varco tra gli Oxfords e i Gloucesters. Questi ultimi, rimasti isolati ai due fianchi, correvano il pericolo di un completo aggiramento durante la mattinata ed il primo pomeriggio, ma se la cavarono da soli e congiunsero le forze alla compagnia C verso le 5.30 PM. Il giorno 16 l'intero fronte divisionale fu ristabilito, senza eccezioni, e le pattuglie ritornarono fuori nella terra di nessuno. Gli austriaci continuarono ad arrendersi a piccoli gruppi, finché la divisione ne raccolse più di 1000, assieme ad otto pezzi da montagna abbandonati e danneggiati. L'elenco delle perdite del battaglione dimostrava l'inefficacia del nemico. Noi perdemmo appena cinque morti e tredici feriti. Così ignominiosamente cessava il grande attacco austriaco."

Charles Robert Mowbray Fraser Cruttwell. 1/4° batt. Royal Berkshire

"L'evento generale della giornata fu che i Boches penetrarono la nostra linea circa alle 8.30 AM. Nell'area di Cesuna sul nostro fianco sinistro penetrarono per circa 1 km su un fronte di 2500 m, ma la mattina del 16 il fronte e gli avamposti furono riconquistati. La nostra posizione (batteria A. NdT) era piuttosto indietro per essere una batteria campale, circa a tre km dal nostro fronte. Cosicché noi rimanemmo parecchie miglia distanti dagli austriaci. Alcune nostre batterie, invece, che stavano sulle posizioni avanzate stabilite per la nostra offensiva, vissero momenti emozionanti. La batteria C dovette prendere gli otturatori, sgomberare ed aiutare la fanteria in

▲ Soldati britannici "in posa" con una mitragliatrice Vickers Mk 1

trincea. Ieri mattina (16. NdT) ritornarono ai pezzi e trovarono che gli austriaci non li avevano danneggiati, e un austriaco ci aveva girato attorno con gli stivali e aveva frugato nella sacca di Leslie, indossando un paio delle sue calze e lasciando le vecchie sul posto.

La batteria D di Graham (il maggiore Anderson era stato feito di mattina presto) aveva tirato sui Boches in campo aperto e vista completa a circa 700 metri. Non male per una batteria di obici. Per quello che possiamo valutare, qui i Boches se la sono vista brutta. Abbiamo catturato più di 400 prigionieri e tutta l'area qui di fronte è piena dei loro morti. Oltre a qualche mitragliatrice, abbiamo preso tre piccoli obici da montagna. Una custodia per dispacci presa chiusa ha rivelato una mappa con accuratamente contrassegnati, tra gli altri, tutte le postazioni della 240ª brigata. C'era anche un documento che dichiarava come obiettivi del primo giorno di battaglia i monti Lemerle e Kaberlaba. Ciononostante mal gliene incolse – naturalmente anche noi abbiamo avuto parecchie perdite ma, a conti fatti, il bilancio è favorevole a noi. Infine non ho alcuna voglia di assistere ad un altro bombardamento in montagna. Ha un certo ché d'infernale"

1ª South Midland /240 Bde RFA [TF] – novembre 1917 - 1919 – diario di guerra

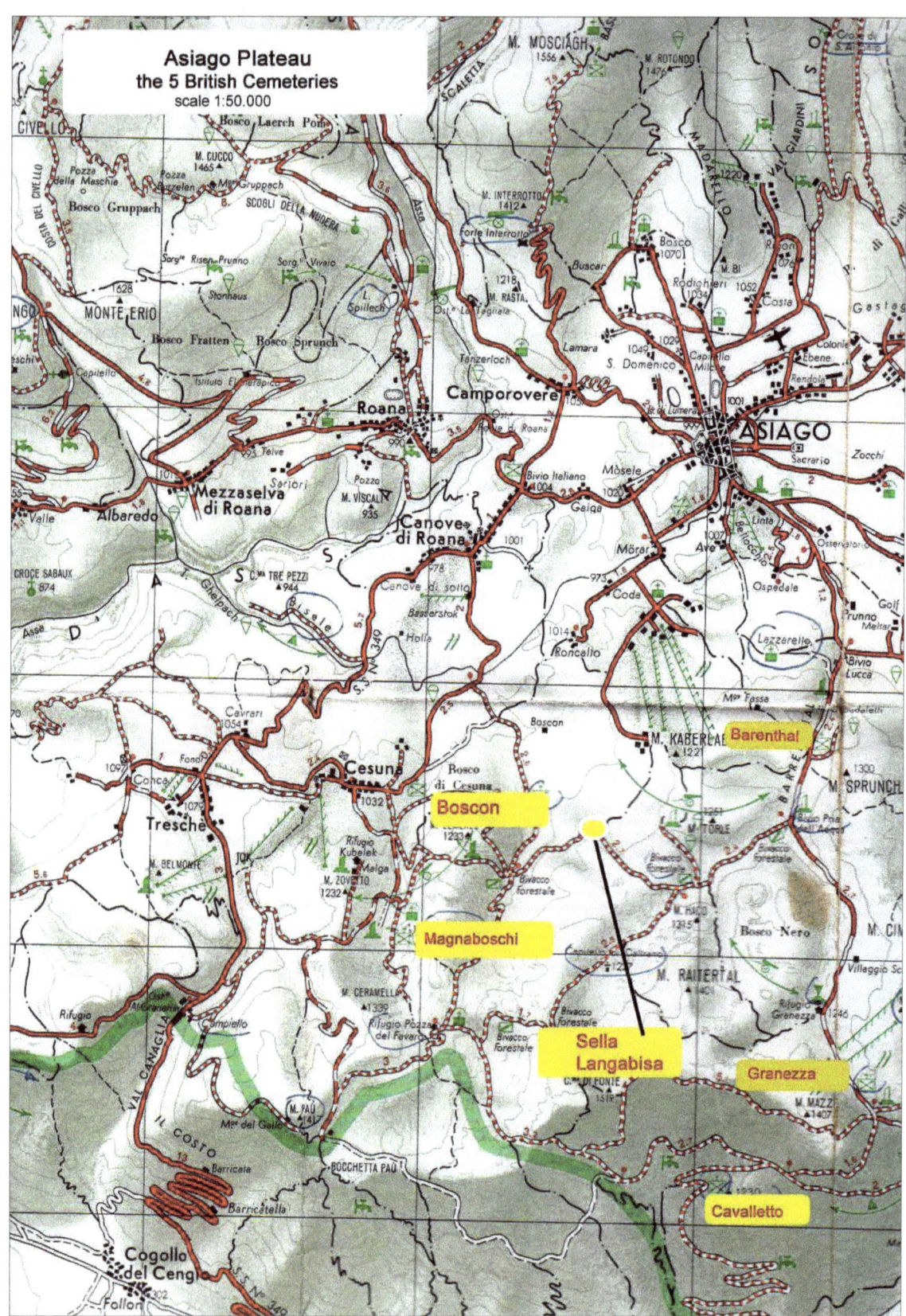

Asiago Plateau
the 5 British Cemeteries
scale 1:50.000

Barenthal

Boscon

Magnaboschi

Sella
Langabisa

Granezza

Cavalletto

▲ Dislocazione odierna dei cimiteri inglesi sull'altopiano d'Asiago

CONCLUSIONI

Gli austriaci non solamente si ritirarono dalle posizioni conquistate, ma ripiegarono addirittura oltre le proprie prime linee, lasciando un velo di sentinelle in trincea. Questo permise ai britannici di rastrellare anche la terra di nessuno e riorganizzare le linee degli avamposti; addirittura un plotone penetrò nella ridotta degli Ambrosini, catturando una trentina di prigionieri. La facilità con cui i prigionieri cadevano in mano inglese, durante questa fase, era assai indicativa riguardo al problema della combattività austro-ungarica, giunta ormai allo stremo della tolleranza. Le diverse politiche regionali (o dei futuri stati nazionali) all'interno dell'Impero, rendeva oltremodo faticoso mantenere la coesione delle truppe imperiali.

Secondo la relazione ufficiale britannica, invece, l'insuccesso iniziale britannico, era da attribuire ad una serie di concause.

Fattori meteorologici ed assetti tattici

Il primo dei fattori avversi citati fu la nebbia; ma più che la nebbia, che ci fu durante la notte, si dovrebbe parlare di fumo da esplosioni misto ad umidità. Secondo il generale Edmonds [33] la nebbia avrebbe "come di consueto" favorito gli attaccanti, capaci di celarsi al riparo delle cortine di fumo. L'affermazione ha sicuramente un fondamento storico, ma è altrettanto vero che la mancanza di visibilità rappresentò un problema insormontabile anche per gli attaccanti. Basti pensare alle difficoltà di orientamento nel bosco. Considerando poi che la mancata visione del campo di battaglia ostacolò pesantemente tutte le segnalazioni a vista, ottiche e con i razzi, in assenza di contatti telefonici a causa della rapida interruzione delle linee, si può affermare che il fattore "nebbia" effettivamente produsse più danni ai britannici che agli austriaci.

Il secondo problema dei difensori fu senza dubbio la progettata offensiva del 18 giugno, che costrinse le artiglierie ad apprestamenti inadatti alla difesa e le fanterie a schieramenti leggeri, "da ricognizione" delle linee. Se si aggiunge, poi, che i comandi britannici non credevano possibile l'attacco alle proprie linee, si può comprendere come le truppe inglesi fossero amaramente sorprese dall'attacco avversario. nel generale esame dell'attività delle artiglierie si inserì anche una continua e pesante polemica sul cosiddetto "fuoco di contropreparazione", ovvero sul bombardamento preventivo dei passaggi obbligati delle truppe austriache, delle loro vie d'accesso al campo di battaglia e delle loro vie di comunicazione. Per poter rendere conto di questa vicenda militare letteraria, sarebbe necessario un articolo a parte.

In pratica sembra che il generale Segre (italiano) fosse stato autorizzato a porre in essere un suo piano di contro bombardamento, che avrebbe dovuto anticipare quello austriaco. Le cose poi non andarono come Segre aveva previsto (lui stesso accusò il comando della 6ª armata di aver revocato l'autorizzazione) ed il bombardamento non fu né anticipato, né coordinato (come affermavano la relazione ufficiale italiana ed il generale Montuori, comandante della 6ª armata). I francesi, che avevano effettivamente anticipato i tiri di disturbo prima delle 3 di notte, affermavano che:

"alle ore 3 il nemico apre un fuoco violento che sembra dapprima una risposta ai nostri stessi tiri .... Tra le 3 e le 4 la contropreparazione si sviluppa completamente su tutto il fronte ..." **Relazione Uff. Francese. 15 giugno 1918.**

L'affermazione francese è confermata dagli stessi avversari Honvéd che si aggingevano ad attaccare le linee di Pennar:

"15 giugno ore 3,55 AM: *l'artiglieria nemica ha aperto il fuoco contro obiettivi dietro le nostre linee.*

ore 4.15 AM: *l'artiglieria di medio calibro nemica ha iniziato a bombardare i dintorni di Camporovere ed il monte Rasta, a Bosco di Gallio l'artiglieria leggera nemica continua un intensivo barrage.*

ore 5.30 AM: *Il 174° reggimento d'artiglieria, in posizione sul monte Rasta, si trova sotto pesante bombardamento proveniente da monte Kaberlaba e monte Lemerle. Chiedono appoggio di artiglieria pesante. Tuttavia l'ordine deve partire dalla competenza del III Corpo.*

ore 6.10 AM: *l'ala sinistra del 24° reggimento è bloccata sotto forte bombardamento a granate nemico.*

ore 6.45 AM: *Il 24° reggimento, sui passaggi dello sbalzo iniziale di 400 x., è battuto da una mitragliatrice nemica che tira dalla prima linea e che batte a vista anche dove loro sono riparati, con continua fucileria. L'artiglieria ed i mortai nemici della prima linea è bombardata dai medi calibri.*

ore 7.00 AM : *inizia lo sbalzo della fanteria."*

Diario di guerra della 38ª brigata di artiglieria campale Honvéd [34]

Quanto ai britannici, la loro artiglieria non eseguì alcuna contropreparazione (o la eseguì parzialmente e molto tardi, dopo le 6 del mattino, quando ormai le fanterie austro-ungariche si erano avvicinate ai punti di radunata). Questo accadde essenzialmente per due motivi:

1 --- gli inglesi non credevano di dover subire un attacco di fanteria;

2 --- quasi tutte le batterie erano in preparativi offensivi (vale a dire non avevano né schieramento, né registrazione dei bersagli adatti ad una battaglia difensiva); anzi il personale al completo di una batteria era in prima linea a preparare le piazzole, lasciando i pezzi da soli a malga Carriola.

Questo sicuramente fu il principale fattore che aiutò la penetrazione austriaca nelle prime linee britanniche, mentre in altri settori del fronte, i cannoni avevano limitato e talvolta annullato lo slancio dell'assalto austriaco.

Secondo Edmonds poi, gli inglesi, non avevano alcuna esperienza di guerra in montagna. Pur concedendo all'esercito reale di aver comunque combattuto in terreni montani (es. Afghanistan) era senza dubbio vero che non avevano alcuna esperienza di "quella" guerra in montagna. Testimoni di questa affermazione furono gli artiglieri, che si auguravano di non assistere più a bombardamenti di quel tipo, ed i battaglioni di linea che sperimentarono personalmente l'inefficacia tattica degli schieramenti di trincea.

Gli inglesi, infatti, difendevano la linea principale con tre ordini di sbarramenti (prima dei reticolati): la linea degli avamposti, la linea dei "picchetti" e la linea delle mitragliatrici. Tutti e tre gli sbarramenti erano presidiati da poche truppe, pronte a retrocedere in caso di attacchi nemici in forze, frontalmente, o di infiltrazioni sul fianco. Queste linee avanzate nella terra di nessuno non rappresentavano bersagli per le artiglierie avversarie, perché troppo prossime alle proprie linee, potevano al massimo essere battute dai lanciamine ed erano un grosso disturbo per le fanteria che attaccavano, costrette a combattere ancor prima di arrivare ai reticolati.

Il sistema funzionava alla perfezione sui piatti campi del fronte occidentale in Francia, ma presentava grossi limiti in un terreno accidentato e pieno di ripari come l'Altopiano. Avamposti e "picchetti" potevano facilmente essere aggirati ed accerchiati, mentre le Vickers pesanti avevano scarsi campi di tiro, penalizzate in più dal fitto bosco. In montagna funzionavano meglio i sistemi italiano ed austriaco: poche truppe in linea con immediato ingresso nei ricoveri durante il cannoneggiamento e successiva uscita quando l'artiglieria nemica allungava il tiro.

Gli inglesi, però, è risaputo volevano agire autonomamente e anche ad Asiago fecero di testa loro. Il rischio corso, tuttavia, li rese un po' più aperti alle proposte degli alleati e fu comunque causa della rimozione del comandante della 48ª divisione, generale Fanshawe, che, a luglio, come qualcuno disse elegantemente, "fu richiamato a Londra ..." per essere avvicendato dal generale Walker.

Fattori fisici e pseudo-etnici

L'influenza fu uno dei maggiori imputati a giustificazione del poco personale in linea. Come detto, la malattia ebbe le proprie responsabilità in questo, ma non risparmiò certo gli attaccanti, affetti da analoghi problemi, come si evince dai rapporti delle perdite austro-ungariche.

Certamente incredibile, però, è la scusante riferita dal gen. Edmonds, nella sua veste ufficiale, che si aggrappa a presunte differenze etnico-razziali degli attaccanti.

"I francesi e la 23ª divisione britannica, contigui alla 48ª divisione, furono attaccati dalla Honvéd ungherese, una Landwehr inferiore, che titubò, talora andò in panico dopo poche perdite subite. Anche la relazione ufficia-

le austriaca parla in maniera poco esaltante della loro 16ª divisione, composta di rumeni e ungheresi, che attaccarono i francesi. Il fronte tenuto dagli italiani fu rotto in tre punti (si parla dei Tre Monti. NdT). *Quello fu il maggior successo austriaco, ottenuto impiegando le divisioni Edelweiss e 18ª* [35]*, unità di elite; cosicché si potrebbe supporre che il sistema dello schieramento delle truppe in linea non fosse un metodo infallibile nell'armata austriaca.*" **Brig. Gen. Sir James E. Edmonds (relazione ufficiale Britannica).**

La teoria è suggestiva, tipicamente britannica, peccato che sul fronte della 48ª divisione in-

▲ Particolare del terreno boschivo sul quale operava la 48ª divisione britannica (foto dell'autore)

glese non agissero le decantate truppe d'elite asburgiche. Non c'era alcun reggimento austro-ungarico, tra quelli impiegati nell'attacco al centro e ad ovest dell'Altopiano, che fosse uno dei reggimenti tradizionali tedeschi dell'Austria. Tutti i reggimenti austriaci, per altro, risentivano, nel 1918 in particolare, della comparsa e dell'esacerbazione del conflitto di nazionalità. [36] Ciò giustificava, probabilmente, l'elevato numero di soldati austriaci che si arresero tra la sera del 15 giugno ed il giorno successivo.

Riguardo alla Landwehr di rango inferiore, vale la pena di sottolineare alcuni passi tratti da un rapporto di circa 50-60 ufficiali del XIII Corpo austro-ungarico, tenuto quattro giorni dopo la battaglia. Esso stabiliva che l'apporto dell'artiglieria all'attacco (compresi i lanciamine), la preparazione (dato il numero dei pezzi e le poche munizioni) erano stati molto deboli. In particolare era fallito l'appoggio delle artiglierie medie e pesanti. Sulla truppa, invece (e nonostante Edmonds), non c'era nulla da eccepire:

"*L'aggressività della truppa e il loro spirito erano senza dubbio ottimali. La truppa non aveva risentito, in quella vicenda, dei tre mesi di stazionamento sulle posizioni, né del pesante bombardamento degli ultimi giorni (circa 12/14000 colpi al giorno per reggimento). Al contrario rabbia e sentimenti di rivalsa erano sempre maggiori, per quanto era possibile aspettarsi. La nostra gente non poteva essere fermata e voleva attaccare. Uscirono dalle linee cantando. Due comandanti di reggimento ed un Cappellano da campo, che teneva in alto il crocifisso, condussero le ondate d'assalto. Le batterie d'accompagnamento (Begleitbatterien) nel complesso si sono comportate molto bene, in parte giunsero anche a circa 200 passi dietro le fanterie.*"
Rapporto ufficiali del XIII Corpo A.U.– Feldpost 290 (Asiago) 19 giugno 1918. [37]

Il confronto delle forze

Gli Austro-ungarici, seguendo l'esempio tedesco, avevano ridotto il numero di battaglioni per reggimento a tre, ottenendo divisioni da 12 battaglioni. Ogni divisione, inoltre, possedeva un proprio battaglione d'assalto (Sturmbattalion) costituito con le singole compagnie d'assalto dei reggimenti (o con i plotoni d'assalto dei Feldjäger). Da giugno 1918 in poi, le divisioni austriache di fanteria furono standardizzate su due brigate ognuna con due reggimenti o un corrispondente numero di battaglioni Feldjäger. I reggimenti di fanteria ora possedevano tre battaglioni (la brigata 6). Le divisioni britanniche avevano anch'esse 12 battaglioni di fanteria (mancava il battaglione d'assalto) ma suddivisi in tre brigate da 4 battaglioni, di cui due stavano in linea ed una in riserva. Sul fronte di Asiago, in giugno

1918, mediamente ogni battaglione britannico fu attaccato da tre battaglioni austriaci, preceduti dalle squadre degli assaltatori.

La differenza in forza-personale e le tattiche d'infiltrazione delle Sturmtruppen ebbero grande importanza per giustificare la penetrazione in alcuni tratti di fronte, nonostante gli inglesi supplissero a tale inferiorità con un numero elevato di mitragliatrici Lewis (36 per battaglione), armi di grande efficacia in campo aperto, più difficili da gestire in mezzo agli alberi.

Le perdite della battaglia

Le perdite austriache dal 14 al 25 giugno furono comunicate come totali dell'11ª Armata, senza suddivisione per corpi o divisioni: 5692 morti, 32901 feriti, 14117 malati e 10370 dispersi (con i prigionieri), per un totale di 63080 soldati fuori combattimento (le due Armate impegnate sul Piave, invece, persero in totale 79470 uomini); i dati erano comprensivi anche del settore del Grappa. Il Capo di Stato maggiore austriaco, generale Arz, fu particolarmente afflitto dal mancato successo dell'11ª armata (operazione Radetzky) ed in particolare di quello del XIII Corpo ad Asiago, un esito favorevole in cui credeva molto.

Un documento d'archivio della "Magyar kiralyi 38 honvéd gyalog hadosztály parancsnokság", ovvero del comando della 38ª divisione real ungherese Honvéd, dà un approssimato rapporto sulle perdite, a qualche giorno dall'offensiva. Anche se non riportati ufficialmente, i numeri relativi alle perdite in morti e dispersi (prigionieri compresi) sorprendono, rappresentando circa il 68 % del totale delle perdite in un settore dove si era verificato solotanto un temporaneo sfondamento di fronte (San Sisto):

Magyar kiralyi 38 honvéd gyalog hadosztály parancsnokság – allegato al doc. n. 1278
Rapporto di conteggio al 18 giugno (nessun dato ancora per i caduti sepolti)

| Formazione | Forza | | | | Differenza | | Osservazione allo stato attuale | | | |
| | 1918 al 14 giugno | | 1918 al 18 giugno | | | | Feriti | | Malati | |
	Ufficiali	Truppa	Uff.	Truppa	Uff.	Truppa	Uff.	Truppa	Ufficiali	Truppa
21° regg. Honvéd	102	2008	56	1225	46	783	11	313	8	59
22° regg. Honvéd	91	1939	51	927	40	1012	7	203	5	55
23° regg. Honvéd	88	2008	65	1200	23	808	12	227	2	40
24° regg. Honvéd	90	1920	84	1328	6	592	4	161	4	46
38° batt. Sturm	41	592	31	310	10	282	2	12	–	10
TOTALE	412	8467	287	4990	125	3477	36	916	19	210

Posta Campale 290, 20 giugno 1918
nota: il numero dei caduti e dispersi (tra cui i prigionieri) si desumono analizzando la tabella: 438 per il 21° Honvéd, 782 per il 22° Honvéd, 550 per il 23° Honvéd, 383 per il 24° Honvéd, 268 per lo Sturmbataillon. In totale i caduti/dispersi della divisione che aveva attaccato la 23ª div. inglese ed i francesi, furono 2421 su 3602 uomini fuori combattimento.

Gli inglesi lamentarono circa 1500 uomini persi, di tutti i ranghi. Le perdite della sola 48ª divisione furono 922 uomini, dei quali ben 206 appartenevano all'artiglieria. La divisione prese prigionieri 25 ufficiali austriaci, 515 sottufficiali e truppa, più 188 feriti; seppellì ben 576 austriaci caduti tra Cesuna ed il Ghelpac. La 23ª divisione perse 556 uomini e catturò 230 austriaci illesi e 127 feriti. La relazione ufficiale britannica non riferisce, però, il numero dei prigionieri inglesi, caduti in mano nemica.

Il grande attacco Radetzky era così finito nel nulla; solamente qualche vita umana in più, inutilmente sacrificata al culto della guerra. Nella quiete dopo la tempesta i britannici imparavano anche a conoscere i loro avversari, che a torto chiamavano "unni" o "boches", come i tedeschi del fronte francese, ma che erano di tutt'altra origine e di molte nazionalità.

"19 giugno 1918

32507/ 9th Batt York & Lancs Regt- C Coy 12 platoon - L.G.S. - I.E.F.

Caro Jack

spero tu stia bene .... La nostra compagnia è stata di appoggio ravvicinato a circa 200 iarde dietro la linea del fronte; non siamo stati richiesti per la linea e perciò non abbiamo nemmeno sparato. Posso però dirti che fare l'appoggio è peggio che stare in trincea di linea. La battaglia è cominciata circa alle 3 di notte e Johnny Austria ha iniziato ad avanzare alle 7. Bene, ha ricevuto un'accoglienza che ti raccomando, quelli della prima linea li hanno semplicemente costretti a terra e non sono arrivati più in là dei reticolati. Quando le cose si erano calmate sono andato a fare un giro alla linea del fronte. I prigionieri erano i più miseri esemplari umani che mai ho visto in vita, e ci hanno detto che erano stati informati di dover attaccare gli italiani e che sono rimasti di stucco nel vedere i nostri ragazzi in trincea. Erano pronti per un grande attacco e per sfondare dove possibile. I prigionieri avevano un sacco di soldi, tutte banconote e, almeno per la maggior parte, erano felici di essere fatti prigionieri. C'era un misto di austriaci, ungheresi ed un grosso gruppo di rumeni. Il loro obiettivo era di arrivare in pianura, ma, lasciamelo dire, hanno preso una sonora battuta, specialmente sul fronte della nostra divisione (la 23ª NdT). Sarei felice di rivederti e spero tu stia in buona salute. Quando ti vedrò ti racconterò di più. Spero che quest'anno finisca la guerra, ma temo che il nemico sia meglio nutrito di noi ..."

Lettera del soldato Harry Bonser Lamin

L'auspicio del soldato Lamin si sarebbe materializzato cinque mesi più tardi con la fine della guerra. Gli austro-ungarici, infatti, non erano affatto meglio nutriti degli alleati, anzi, con il giugno 1918, avevano finito tutte le risorse economiche, morali e fisiche per poter pensare ad ulteriori attacchi sul fronte italiano. Lo sfascio totale di ottobre-novembre, che noi italiani chiamiamo Vittorio Veneto, chiuse le ostilità anche sull'altopiano ed i "Saturday's night soldiers" della 48ª divisione risalirono le valli in direzione del Trentino, realizzando la loro personale rivincita per i fatti di giugno 1918, senza incontrare resistenza alcuna.

E oggi possiamo dire con certezza che la guerra di Asiago terminò proprio in quell'afoso mese di guerra.

▲ Un ufficiale britannico accompagnato dal suo cane prega sulle tombe dei commilitoni morti in battaglia

▲ Resti di un camminamento di avvicinamento alle linee (foto dell'autore)

BIBLIOGRAFIA:

Fonti Ufficiali:

Public Record Office (Londra) – War Office (WO) - series 95:

First World War and Army of Occupation War Diaries :

WO 95/4240 – 23ª Divisione – 70ª brigata; battaglioni.

WO 95/4246 – 48ª Divisione ;

WO 95/4248 – 143th inf. brigade ;

WO 95/4249 – 144ª inf. brigade ;

WO 95/4250 - 145ª inf. brigade - HQ;

WO 95/4251– 145ª inf. brigade - battaglioni;

General Staff, War Office, *"History of the Great War"* (relazione ufficiale Britannica), "Military Operations Italy 1915-1919", red, dal Brig. Gen. Sir James E. Edmonds, Maj. Gen. H. R. Davies, Battery Press, Nashville 1991.

Glaise Horstenau Edmund (u. d. L.), Österreichisches Bundesministerium und Kriegsarchiv (Hrsg.) „*Österreichs-Ungarns Letzter Krieg – volume VII*" – „*Das Kriegsjahr 1918*" (relazione ufficiale austriaca), Verlag der Militär Wissenschaftlichen Mitteilungen, Wien 1931/1933.

Ministero della Difesa, Stato Maggiore Esercito, Ufficio Storico, *"L'Esercito italiano nella Grande Guerra 1915-1918"* (relazione ufficiale italiana) – volume V, "Poligrafico dello Stato, Roma 1988.

Ministero della Guerra, Stato Maggiore Esercito, Ufficio Storico, „*Le Brigate di Fanteria, riassunti storici dei Corpi e dei Comandi in Guerra 1915-1918*", Provveditorato generale dello Stato, Roma 1924 e seg.

Fonti Web (Internet):

http://www.1911encyclopedia.org (Enciclopedia Britannica del 1911)

▲ Panoramica del cimitero britannico del Boscon sull'altopiano (foto dell'autore)

http://www.austro-hungarian-army.co.uk (l'esercito Austro-Ungarico).

http:// http://www.1914-1918.net

http://www.kitzbuhel.demon.co.uk/austamps/dixnut/index.htm (cronologia dei reparti austro-ungarici in guerra.

Altro materiale bibliografico:

Barnett, Henry George Lieut. Col., *With the 48ª Divisione in Italy*, Blackwood & Sons, 1921 London.

Cruttwell Charles Robert Mowbray Fraser, "*The War Service of the 1/4° Royal Berkshire Regiment*", Basil Blackwell , Oxford 1922.

Enser A.G.S: - *A subject bibliography of the First World War, books in english 1914-1978*, London, Deutsch A. Ltd. 1979

Dalton Hugh, *With British Guns in Italy: A Tribute to Italian Achievement*, London: Methuen & Co, 1919.

Dopson F.W., *The 48ª Divisional Signal Company in the Great War*, stampato in proprio dalla Arrowsmith J.W. Ltd., Bristol 1938.

Dorchester. Pickford P. Maj., *War Record of the 1/4ª Btg. OXF. & BUCKSLI*, 1919 Banbury.

Dunlop J.K., *The development of the British Army 1899-1914*, Methuern, 1938 London.

Falls Cyril, *The Gordon Highlanders in the W.W.I*, University Press, 1958, Aberdeen.

Farndale Gen.Sir Martin KCB, *The forgotten Fronts and the Home Base*, The Royal Artillery Inst., 1988.

Fejtő François, *Requiem per un Impero defunto, la dissoluzione del mondo Austro-ungarico*, Mondadori, Milano 1990.

Gladden Norman, *Across the Piave, a personal account of the British forces in Italy, 1917-1919*, London : H.M.S.O., 1971.

Goold Walker G., *The Honourable Artillery Coy 1914-1918*, Seeley Service, 1930 London.

Grant D.P., *The 1/4ª Hallamshire Battalion York and Lancaster Regiment, 1914-1919* London: Arden, 1926.

Horrocks Sir Brian, *The Green Howards*, Pitman Press LTD., 1982 LONDON

Hody Maj.E.H. of R.A.S.C., *With the Mad 17th to Italy*, Allen & Unwin, 1920 London.

Hussey A.H.-Inman D.S., *The Fifth Divisione in the Great War*, Nisbet & Co., 1921 London.

Hurst G.B., *With Manchesters in the East*, Longmans,Green, 1918 London.

James E.A., *British Regiments 1914-1918*, Samson Books 1978 London.

Kingsford Lethbridge Charles, *The Story of the Royal Warwickshire regiment*, Country Life Ed. 1921, London.

Mackay Francis, *Asiago, Italy*, Battlegrounds Europe, Pen & Sword Books, 2001.

Royal Engineers Corps, *History of the Corps of R.E.*, Vol.V, Institution R.E.,1952 Chatham

Sandilands H.R., *The 23ª Divisione 1914-1918*, Blackwood & Sons, 1925 London

Scott Daniel D., *Cap of the Honour*, White Lion Pub., 1975, London.

Simkins Peter, *Kitchener's Army*, Manchester Univ.Press 1988, Manchester.

Stacke Fitz. Jacob Claud, *The Worcestershire Regiment in the Great War*, Cheshire & Sons 1928 London.

Steiner Jörg C., *Schematismus der Generale und Obersten des K.u.K. Armee stand. 31 Dez. 1918*, S&H Edition, Wien 1992.

White, Arthur S. *Bibliography of Regimental Histories of the British Army* (1965 Dallington: Naval & Military Press, 1992)

Wright P.L., *The First Buckinghamshire Battalion 1914-1919*, Hazell, Watson&Viney 1920 London.

Wyrall E., *The Gloucestershire regiment 1914-1918*, Methuen, 1931 London.

APPENDICE I

ORDINE DI BATTAGLIA DETTAGLIATO DELLA 23ª DIVISIONE BRITANNICA

Comando di divisione

Major-General J. Babington (dal 18 sett. 1914)

Major-General H. Thuillier (dal 21 ott. 1918)

I Brig-Gen. J. Byron e H. Gordon presero il comando per brevi periodi interinali nell'ottobre 1918.

Unità del Genio

101ª Field Company (trasferita dalla 32ª Divisione 1 Febbraio 1915)

102ª Field Company (trasferita dalla 32ª Divisione 1 Febbraio 1915)

128ª Field Company (trasferita dal 9 aprile 1915)

2 sezioni della 180 Tunnelling Company RE (minatori: aggregati in ottobre 1915)

23ª Divisional Signal Company (trasmissioni)

Unità sanitarie o Field Ambulances

69ª (dal sett. 14) - 70ª (dal sett. 14) - 71ª (dal sett. 14) - 23ª Divisional Motor Ambulance Workshop (dal 09-14)

Dipendenze dirette di divisione

9º (Service) batt. (Pionieri), the South Staffordshire (dal 3 ottobre 1914, divenne un battaglione pionieri dall'aprile 1915)

194ª Comp. Mitragliatrici (dal 16 dicembre 1916, presso Vlamertinghe; incorporata nel batt. Mitragliatrici divisionale il 1 aprile 1918 in Italia) - 23ª Machine Gun Battalion (battaglione Mitragliatrici formato il 1 aprile 1918)

23ª Divisional Train ASC (compagnie del Treno 190, 191, 192 e 193 formate il 16 gennaio 1915)

35ª Sezione Veterinaria Mobile (dal 20 giugno 1915)

223ª Divisional Employment Company (compagnia amministrativa - formata il 30 giugno 1917)

Truppe a cavallo. Nessuna. Trasferite dal 20 aprile 1916.

Artiglieria divisionale

CII brigata, RFA (dal novembre 1914) - **CIII brigata**, RFA (dal novembre 1914)

Batteria lanciamine medi X.23 (Medium Mortar Battery) RFA nata come 12ª TM batt nel 1915, alla Divisione in gennaio 1916 e rinominata come IX Battery il 15 marzo 1916)

Batteria lanciamine medi Y.23 RFA (nata come 21ª TM batt.nel 1915, alla Divisione in gennaio 1916 e rinominata come X Battery il 15 marzo 1916)

Batteria lanciamine medi Z.23 RFA (formatasi alla Divisione in marzo 1916 e sciolta nel marzo 1918, riorganizzando anche le batterie X e Y, in modo che ciascuna avesse 6 pezzi da 6 pollici.

23ª Colonna Munizioni Divisionale.

68ª brigata di fanteria

10º (Service) Batt., the Northumberland Fusiliers (dal settembre 1914). Formato a Newcastle, parte del contingente K3.

11º (Service) Batt., the Northumberland Fusiliers (dal settembre 1914). Noto come il "Fighting Fifth" (Quinto combattente) o nome simile, poiché il reggimento fu chiamato il Quinto fanteria (Fifth Foot) sino al 1881. Formato a Newcastle, settembre 1914, parte del contingente K3.

12º (Service) Batt., the Durham Light Infantry (dal settembre 1914) Formato a Newcastle, settembre 1914, parte del contingente K3.

13º (Service) Batt., the Durham Light Infantry (dal settembre 1914 sino al 14 settembre 1918) Formato a Newcastle, settembre 1914, parte del contingente K3.

68ª Comp. Mitragliatrici MGC (da 4 marzo 1916; incorporato nel battaglione Mitragliatrici (MG) divisionale dal 1 aprile 1918)

Perdite della battaglia

▲ Perdite generali dell'operazione Radetzky, compreso il settore del Grappa

68ª Trench Mortar Battery (batteria lanciamine. formata il 13 giugno 1916)

69ª brigata di fanteria
11° (Service) Batt., the West Yorkshires (dal settembre 1914) reggimento detto anche del Principe di Galles; The Prince of Wales's Own (West Yorkshire Regiment): Formato a York il 10 ottobre 1914 parte del contingente K3.

8° (Service) Batt., the Yorkshire (dal settembre 1914) Formato a Richmond il 22 settembre 1914 parte del contingente K3 e in ottobre assegnato alla 69ª brigata, 23ª Divisione.

9° (Service) Batt., the Yorkshire (dal settembre 1914, rientrato in Francia il 13 settembre 1918). Era il reggimento della principessa di Galles, Alexandra; Princess of Wales's Own (Yorkshire Regiment) – Il reggimento era noto soprattutto per il nomignolo di "Green Howards". Il nome risaliva alla guerra di Successione austriaca, a metà 1700. Il suo colonnello, allora, era Howard e, a quel tempo, i reggimenti prendevano spesso il nome del colonnello che li comandava. In quadrato in brigata con un altro reggimento comandato da altro Howard, si distinse per il colore verde delle mostrine. Ci furono così i "Green" Howards e i "Buff" Howards dell'altro colonnello. "Green Howards" e i "Buffs" erano nomi ancora in uso nel 1914-1918.

10° (Service) Batt., the Duke of Wellington's (dal settembre 1914) Il regg. Duke of Wellington's era il West Riding Regiment. Formato a Halifax in settembre 1914 parte del contingente K3.

69ª Comp. Mitragliatrici MGC (dal 4 marzo 1916; al battaglione divisionale MG il 1 aprile 1918)

69ª Trench Mortar Battery (formata il 23 giugno 1916)

70ª brigata di fanteria
Il 18 ottobre 1915 la brigata fu trasferita all'8ª Divisione, rientrando alla 23ª il 17 luglio 1916.

11° (Service) Batt., the Sherwood Foresters (dal ottobre 1914, rientrava il 13 settembre 1918) Sherwood Foresters (Nottinghamshire & Derbyshire Regiment): Formato a Derby, 3 ottobre 1914, parte del contingente K3. Il 13 settembre 1918 il batt. lasciò la 23ª divisione per la Francia, dove passava (18 settembre 1918) alla 74ª brigata, 25ª Divisione.

8° (Service) Batt., KOYLI (dal ottobre 1914) The King's Own (Yorkshire Light Infantry) - Formato a Pontefract, nel settembre 1914, parte del contingente K3.

8° (Service) Batt., the York and Lancaster (dal ottobre 1914) Formato a Pontefract, nel settembre 1914, parte del contingente K3..

9° (Service) Batt., the York and Lancaster (dal ottobre 1914). Formato a Pontefract, settembre 1914, parte del contingente K3. ottobre 1914 : attached to 70ª brigata, 23ª divisione.

70ª Comp. Mitragliatrici MGC (dal luglio 1916; al battaglione divisionale MG il 1 aprile 1918)

70ª Trench Mortar Battery (formata il 18 giugno 1916)

APPENDICE II

ORDINE DI BATTAGLIA DETTAGLIATO DELLA 48ª DIVISIONE BRITANNICA

Comando di divisione

Maj-Gen. E. Graham (27/7/14)

Maj-Gen. H. Heath (5/8/14)

Br.-Gen. W. McLintock (Acting, 7/5/1915)

Maj-Gen. R. Fanshawe (31/5/1915)

Br.-Gen. J. Steele (Acting, 20/6/1918)

Maj-Gen. Sir H. Walker (4/7/1918)

Truppe divisionali

1/5° batt. del Royal Sussex (detto Cinque Ports battalion)

251ª Comp. Mitragliatrici (dal 16 novembre 1917, al battaglione divisionale MG il 22 marzo 1918)

48° battaglione mitragliatrici (creato il 22 marzo1918)

Perdite britanniche

Gli inglesi lamentarono circa 1500 uomini persi, di tutti i ranghi. Le perdite della sola **48ª divisione furono 922 uomini,** dei quali ben 206 appartenevano all'artiglieria. La divisione prese prigionieri 25 ufficiali austriaci, 515 sottufficiali e truppa, più 188 feriti; seppellì ben 576 austriaci caduti tra Cesuna ed il Ghelpac. **La 23ª divisione perse 556 uomini** e catturò 230 austriaci illesi e 127 feriti. La relazione ufficiale britannica non riferisce, però, il numero dei prigionieri inglesi, caduti in mano nemica.

▲ Perdite del Corpo britannico impegnato sull'altopiano di Asiago.

Truppe a cavallo. Nessuna. Trasferite dal 14 maggio al 20 giugno 1916.

Unità del Genio

474ª Field Company (da agosto 14 sino a dic.14, rientrata in maggio 15, rinominata dalla 1ª compagnia campale South Midland)

475ª Field Company (da agosto 14, rinominata dalla 2ª compagnia campale South Midland)

477ª Field Company (creata in settembre 14 ma aggregata solo in giugno 1915, rinominata dalla 2/1ª compagnia campale South Midland)

48ª Divisional Signal Company (rinominata dalla 1ª comp. trasmissioni South Midland)

Unità sanitarie o Field Ambulances del RAMC (Royal Army Medical Corps)

▲ Logo della 48ª divisione di fanteria britannica delle South Midlands

1ª (South Midland) Field Ambulance (da agosto 1914)

2ª (South Midland) Field Ambulance (da agosto 1914)

3ª (South Midland) Field Ambulance (da agosto 1914)

Dipendenze dirette di divisione

48ª Divisional Train ASC (rinominata dalla 1ª South Midland Divisional Train – essa stessa formata dalla colonna divisionale del Treno (Divisional Transport and Supply Column.) a sua volta costituita dalle compagnie ASC (Army Service Corps) nn. 459, 460, 461 e 462)

242ª Divisional Employment Company (compagnia amministrativa - trasferita dal giugno 1917)

1ª sezione mobile veterinaria delle South Midland

Artiglieria divisionale

CCXL (I South Midland) brigata della RFA (Royal Field Artillery) - **CCXLI** (II South Midland) brigata, RFA - CCXLII (III South Midland) brigata, RFA (in pratica trasgerita il 20 gennaio 1917 quale brigata d'armata)

48ª Colonna munizioni divisionale delle South Midlands.

Batteria lanciamine pesanti V.48 RFA (creata il 21 aprile 1916, sciolta il 10 novembre 1917 prima della partenza per l'Italia)

Batterie lanciamine medi X.48, Y.48 e Z.48 RFA (formate il 15 marzo 1916; il 21 marzo 1918, la Z si sciolse e le batterie furono riorganizzate ciascuna su 6 pezzi da 6 pollici)

143ª brigata del Warwickshire

1/5° batt., the Royal Warwicks (da agosto 1914). Creato in Thorp Street, Birmingham per il Royal Warwickshire Regiment ed inquadrato nella divisione delle South Midlands, il 13 maggio 1915 rinominata come 48ª Divisione e come 143ª brigata del Warwickshire.

1/6° batt., the Royal Warwicks (da agosto 1914) Creato in Thorp Street, Birmingham per il Royal Warwickshire Regiment ed inquadrato nella divisione delle South Midlands, il 13 maggio 1915 rinominata come 48ª Divisione e come 143ª brigata del Warwickshire.

1/7° batt., the Royal Warwicks (da agosto 1914) formato a Coventry e Leamington per il Royal Warwickshire Regiment ed inquadrato nella divisione delle South Midlands, il 13 maggio 1915 rinominata come 48ª Divisione e come 143ª brigata del Warwickshire.

1/8° batt., the Royal Warwicks (da agosto 1914, disaggregato in settembre 1918) formato in Aston Manor per il Royal Warwickshire Regiment ed inquadrato nella divisione delle South Midlands, il 13 maggio 1915 rinominata come 48ª Divisione e come 143ª brigata del Warwickshire. L'11 settembre 1918

trasferito dall'Italia in Francia alla 75ª brigata, 25ª Divisione.

143ª Comp. Mitragliatrici di brigata (creata l'8 gennaio 1916, incorporata nel 48° batt. MG il 22 marzo 1918)

143ª batteria Mortai da trincea (creata il 14 giugno 1916)

144ª brigata Gloucester and Worcester
1/4° batt. the Gloucesters (battalion City of Bristol), (da agosto 1914) formato per il Gloucestershire Regiment a Clifton, Bristol ed inquadrato nella brigata Gloucester and Worcester della divisione South Midland. Mobilitò a Swindon per portarsi rapidamente a Maldon in Essex. Il 30 marzo 1915 sbarcò a Boulogne. Il 15 maggio 1915 la

▲ Come appare oggi un ricovero di fanteria inglese o Dugout (foto autore)

brigata prese il nome di 144ª e la divisione 48ª: I Gloucesters (Glosters) avevano l'onore di portare lo stemma sul retro del berretto, una tradizione che risaliva alla battaglia di Alessandria (1801) quando combatterono la cavalleria francese di fronte e sul retro.

1/6° batt., the Gloucesters (da agosto 1914) formato per il Gloucestershire Regiment a St Michael's Hill, Bristol.ed inquadrato nella brigata Gloucester and Worcester della divisione South Midland. Mobilitava come il precedente 1/4°. Il 15 maggio 1915 la brigata prese il nome di 144ª e la divisione 48ª:

1/7° batt., the Worcesters (dal agosto 1914) formato per il Worcestershire Regiment a Kidderminster ed inquadrato nella brigata Gloucester and Worcester della divisione South Midland. Mobilitò a Swindon per portarsi rapidamente a Maldon in Essex. Il 30 marzo 1915 sbarcò a Boulogne. Il 15 maggio 1915 la brigata prese il nome di 144ª e la divisione 48ª:

1/8° batt., the Worcesters (dal agosto 1914, left settembre 1918) formato per il Worcestershire Regiment a Worcester. ed inquadrato nella brigata Gloucester and Worcester della divisione South Midland. Mobilitò a Swindon per portarsi rapidamente a Maldon in Essex. Il 30 marzo 1915 sbarcò a Boulogne. Il 15 maggio 1915 la brigata prese il nome di 144ª e la divisione 48ª. Il 17 settembre 1918 il battaglione fu disaggregato e trasferito alla 75ª brigata, 25ª Divisione.

144ª Comp. Mitragliatrici di brigata (creata il 23 gennaio 1916, incorporata nel 48° batt. MG il 22 marzo 1918)

144ª batteria Mortai da trincea (creata il14 giugno 1916)

145ª brigata della South Midland
1/5° batt., the Gloucesters (da agosto 1914). Formato a Gloucester ed inquadrato nella brigata South Midland, omonima divisione. Alla mobilitazione mosse all'Isola di Wight, poi tornò a Swindon e rapidamente di lì a Maldon in Essex, arrivandovi alla fine di agosto 1914. Il 29 marzo 1915 sbarcava a Boulogne. Il 15 maggio 1915 la brigata divenne la 145ª della 48ª Divisione. L'11 settembre 1918 lasciava la divisione per tornare in Francia e, il 17 settembre 1918, era assegnato alla 75ª brigata, 25ª Divisione.

1/4° batt. del Buckinghamshire, the Ox & Bucks (Oxfordshire & Buckinghamshire, da agosto 1914) Formato a Oxford ed inquadrato nella brigata South Midland, omonima divisione. Il 30 marzo 1915 sbarcava a Boulogne per proseguire al fronte Occidentale. Il 15 maggio 1915 la brigata divenne la 145ª della 48ª Divisione.

1/1° batt. del Buckinghamshire, the Ox & Bucks (da agosto 1914) Formato a Aylesbury ed inquadrato nella brigata South Midland, omonima divisione. Il 30 marzo 1915 sbarcava a Boulogne per proseguire

al fronte Occidentale. Il 15 maggio 1915 la brigata divenne la 145ª della 48ª Divisione.

1/4° batt., the Royal Berkshire (da agosto 1914) Formato a Reading ed inquadrato nella brigata South Midland, omonima divisione. Il 30 marzo 1915 sbarcava a Boulogne per proseguire al fronte Occidentale. Il 15 maggio 1915 la brigata divenne la 145ª della 48ª Divisione.

145ª brigata Comp. Mitragliatrici (creata l'11 gennaio 1916, incorporata nel 48° batt. MG il 22 marzo 1918)

145ª batteria Mortai da trincea (creata il 14 giugno 1916)

APPENDICE III

ORDINE DI BATTAGLIA DETTAGLIATO DELLA 7ª DIVISIONE BRITANNICA

Comando di divisione

Maj-Gen. T.Capper (27/08/1914) Wounded (19/7/1915) Killed in action at Loos

Br-Gen. S.Lawford (Acting, 6/4/1915) (Acting, 14/7/1915)

Maj-Gen. H.Gough (19/4/1915)

Br-Gen. H.Watts (26/9/1915) (Maj-Gen. 27/9/1915)

Maj-Gen. G.Barrow (7/1/1917)

Maj-Gen. T.Shoubridge (1/4/1917) Sick (22/3/1918)

Br-Gen. J.Steele (Acting, 9/2/1918)

Truppe divisionali

24° (Service) Batt. (Pionieri), (Oldham) the Manchesters (dal maggio 1916)

220ª Comp. Mitragliatrici (dal 25 marzo 1917, nel battaglione mitragliatrici divisionale il 1 marzo 1918)

7° battaglione Mitragliatrici (creato il 1 aprile 1918)

Dipendenze dirette di divisione

7° Treno di divisione ASC (comp. 39, 40, 42, 86)

210ª Divisional Employment Company (arrivò il 21 maggio 1917, come 12ª comp. amministrativa divisionale; rinominata in giugno 1917)

12ª Sezione veterinaria mobile

Unità sanitarie o Field Ambulances del RAMC

21ª (dal sett. 14) - 22ª (dal sett. 14) - 23ª (dal sett. 14)

7ª Colonna motorizzata Ambulanze (Divisional Motor Ambulance Workshop) (trasferita dal 20 giugno 1915, incorporata nella Colonna divisionale di Rifornimento il 9 aprile 1916)

Unità del Genio

54ª compagnia campale (dal sett. 1914)

3ª compagnia campale (Durham) (da gennaio 1916, rinominata 528ª compagnia campale)

7ª Comp. divisionale TRasmissioni (dal sett. 1914)

Artiglieria divisionale

XXII brigata, RFA (dal settembre 1914) - **XXXV brigata**, RFA (dal settembre 1914)

7ª Colonna munizioni divisionale

Batteria V.7 lanciamine RFA (creata il giugno 1916, sciolta il 12 novembre 1917)

Batterie lanciamine medi X.7, Y.7 e Z.7 RFA (trasferite dal marzo 1916; il 22 Febbraio 1918, la compagnia Z fu sciolta e le batterie furono riorganizzate ciascuna su 6 pezzi da 6 pollici).

20ª brigata di fanteria

8° (Service) Batt., the Devons (da maggio 1915) **The Devonshire Regiment.** Formato a Exeter il 19 agosto 1914 con il contingente K1 e assegnato quale truppa divisionale alla 14ª divisione Leggera. Nel maggio 1915 lascia la divisione e sbarca a Le Havre il 26 luglio 1915. Dal 4 agosto 1915 inquadrato nella 20ª brigata, 7ª divisione.

▲ Fanteria britannica. Nei visi di questi soldati è evidente l'enorme fatica della vita in trincea

9° (Service) Batt., the Devons (da agosto 1915) **The Devonshire Regiment**. Formato a Exeter il 15 settembre 1914 con il contingente K2 e assegnato quale truppa divisionale alla 20ª divisione Leggera. In aprile 1915 lascia la divisione e sbarca a Le Havre il 28 luglio 1915. Dall'8 agosto 1915assegnato alla 20ª brigata, 7ª division. Nel settembre 1918 lascia la divisione in Italia e rientra in Francia il 16 settembre 1918 assegnato alla 7ª brigata, 25ª divisione.

2° batt., the Border (dal settembre 1914) The Border Regiment. Formato a Pembroke Dock. Il 5 settembre 1914 trasferito a Lyndhurst e assegnato alla 20ª brigata, 7ª divisione. Sbarcava a Zeebrugge il 6 ottobre 1914.

2° batt., the Gordon Highlanders (dal ottobre 1914). Battaglione scozzese formato al Cairo in Egitto dall'agosto 1914. Tornato nel Regno Unito giungeva a Southampton il 1 ottobre 1914 dove era aggregato alla 20ª brigata.

20ª Comp. Mitragliatrici di brigata (formata il 10 Febbraio 1916, inquadrata nel 7° battaglione mitragliatrici dal 1 aprile 1918)

20ª batteria Mortai da trincea (creata il 14 Febbraio 1916)

22ª brigata di fanteria

2° batt., the Royal Warwicks (dal settembre 1914). Battaglione regolare del Royal Warwickshire Regiment da agosto 1914 a Malta. Tornava in Inghilterra il 19 settembre 1914. Aggiunto alla 22ª brigata, 7ª divisione.

1° batt., the Royal Welsh Fusiliers (dal settembre 1914). Anch'esso a Malta. Tornava in Inghilterra e sbarcava a Southampton il 3 settembre 1914. Da allora assegnato alla 22ª brigata, 7ª divisione. Successivamente sbarcava a Zeebrugge il 7 ottobre 1914. Molte fonti citano il reggimento con il nome di "Royal Welch Fusiliers". Al tempo, tuttavia, durante la guerra la corretta dizione ufficiale era quella di "Welsh".

L'arcaico "Welch" fu ripreso con l'Army Order 56 del 1920. Il reggimento gallese era noto per portare cinque corti nastrini neri sul retro del collare. Questo segno, detto "the Flash", diede origine ad una polemica reiterata con i comandi che chiedevano l'abolizione dell'usanza in quanto poteva far identificare al nemico l'unità. Pare che il "Flash" fosse stao direttamente suggerito da Re Giorgio V che soleva dire: "The enemy will never see the backs of the Royal Welsh Fusiliers" ossia il nemico giammai vedrà la schiena dei Royal Welsh.

20ª (Service) Batt. (5º City), the Manchesters (dal dicembre 1915). Quinto battaglione cittadino di Manchester nato il 13 novembre 1914, e battezzato dal sindaco, Lord Mayor e dalla Città. In aprile 1915 fu assegnato alla 91ª brigata, 30ª divisione. Il 20 dicembre 1915 fu trasferito, con l'intera brigata, alla 7ª divisione. Il 13 settembre 1918 lasciava la divisione e ritornava in Francia. Il 16 settembre 1918 era assegnato alla 7ª brigata, 25ª divisione.

2/1º batt., the Honourable Artillery Company (dal ottobre 1916) Creato a Finsbury in agosto 1914. Il 3 ottobre 1916 trasferito in Francia e alla 22ª brigata. La cosiddetta HAC è tuttora il più antico reggimento britannico

▲ I resti dell'elevato e noto ponte di Roana, oltre Canove, fatto saltare nell'offensiva austriaca del 1916.

ancora operativo. Una sorta di Guardia reale per armi da tiro la sua stori arriva sino al 1296, ma la nascita ufficiale risaliva a 25 agosto 1537 quando ricevette un investitura ufficiale dal Re, Royal Charter, allora Enrico VIII. Il Sovrano indirizzava una Lettera Patente ai Supervisori della Confraternita o Gilda di San Giorgio per creare una confraternita per la difesa del Reame. Il nome scelto fu Confraternita o Gilda d'artiglieria d'archi, balestre ed Handgonnes. Nel 1656 prese il nome di Artillery Company e infine nel 1685 quello di Honourable Artillery Company. La Regina Vittoria ufficializzò il nome nel 1860. Di artiglieria aveva il nome ma era un reggimento di fanteria.

22ª Comp. Mitragliatrici di brigata (creata il 24 Febbraio 1916, inquadrata nel 7º battaglione mitragliatrici dal 1 aprile 1918)

22ª batteria Mortai da trincea (creata il 14 aprile 1916)

91ª brigata di fanteria

Trasferita in blocco dalla 30ª divisione il 20 dicembre 1915 .

2º batt., the Queen's (dal dicembre 1915) The Queen's (Royal West Surrey Regiment) Creato nell'agosto 1914 a Pretoria in Sud Africa. Tornato in Inghilterra il England 19 settembre 1914 era assegnato alla 22ª brigata, 7ª divisione. Il 20 dicembre 1915 fu trasferito alla 91ª brigata, 7ª divisione.

1º batt., the South Staffordshire (dal dicembre 1915) Creato in agosto 1914 a Pietermaritzburg, in Sud Africa. Tornato in Patria sbarcava a Southampton il 19 settembre 1914. Assegnato alla 22ª brigata, 7ª divisione, mosse su Lyndhurst, s'imbarcò e scese a Zeebrugge il 6 ottobre 1914. Il 20 dicembre 1915 trasferito alla 91ª brigata, 7ª divisione.

21ª (Service) Batt. (6º City), the Manchesters (dal dicembre 1915) Sesto battaglione cittadino di Man-

chester nato il 13 novembre 1914, assegnato alla 91ª brigata, 30ª divisione. Il 20 dicembre 1915 trasferito alla 7ª divisione. Il 13 settembre 1918lasciava l'Italia per rientrare in Francia. Il 16 settembre 1918 era assegnato alla 7ª brigata, 25ª divisione.

22ª (Service) Batt. (7° City), the Manchesters (dal dicembre 1915) Settimo battaglione cittadino di Manchester nato il 21 novembre 1914,assegnato alla 91ª brigata, 30ª divisione. Il 20 dicembre 1915 : trasferito alla 7ª divisione.

91ª Comp. Mitragliatrici di brigata (dal 14 marzo 1916, inquadrata nel 7° battaglione mitragliatrici dal 1 aprile 1918)

91ª Trench Mortar Battery (creata in maggio 1916)

APPENDICE IV

ORDINE DI BATTAGLIA DELLE TRUPPE AUSTRO-UNGARICHE DI SETTORE

11ª ARMATA - Comandante: Col. Gen. Conte Scheuchenstuel

Capo di S.M.: Magg. Gen. von Sündermann

Totale dell'11ª armata: 174 battaglioni, 28 mezzi reggimenti a piedi, 23 squadroni a cavallo, 2935 pezzi (2256 leggeri, 527 medi, 46 pesanti, 106 contraerei).

III CORPO D'ARMATA - Comandante: Col. Gen. Hugo Martiny von Malastow

Capo di S.M.: Col. von Karg

Alle dirette dipendenze del Corpo d'Armata: 1° btg. mitraglieri.

6ª Div. cavalleria: Luogoten. Mar. di Campo Dom Miguel Duca di Bragança

Sturm Kavallerie Halbregiment VI

5ª Brig. cav.: Magg. Gen. Adler - (6 Sqd. del 6° regg. Dragoni; 7 Sqd. dell'8° regg. Dragoni); truppe dell'ex 14ª Brig. Cav. - 7 sqd. dell'11° Dragoni e 7 sqd. del 15° Ussari

6ª Brig. art. camp. di cavalleria: Luogoten. Mar. di Campo Groschi

6ª Div. fanteria: Magg. Gen. von Schilhawsky

11ª Brig. ftr.: Col. von Sparber – IR(Infant. Regim.) 81(3 battaglioni), IR 127(3)

12ª Brig. ftr.: Col. Schotach - IR 17(3), IR 27(3)

2ª Brig. art. camp.: Magg. Gen. von Rosenzweig

21ª Brig. art. camp.: Col. Mally

28ª Brig. art. camp.: Col. Barone von Augustin

52ª Div. ftr.: Magg. Gen. Schamschula

103ª Brig. ftr.: Col. Vidossich - IR 26(3), 6° regg. Borsnoerzegovese (3).

104ª Brig. ftr.: Col. Hohenberger - IR 42 (3), IR 74 (3)

52ª Brig. art. camp.: Col. Hlubek

22ª Brig. art. camp.: Col. Rath

28ª Div. ftr.: Luogoten. Maresc. di Campo von Krasel

55° Brig. ftr.: Magg. Gen. Rada - IR 11 (3), 7° regg. Borsnoerzegovese (2 - il 3° btg. del 7° Bh era con la 6ª Div.)

56° Brig. ftr.: Magg. Gen. Eugen Strauß - IR 28 (3), batt. del 47° (3) – I-III e IV.

XIII CORPO D'ARMATA – Com.te.: Gen. di ftr. V. Csanády

Capo di S.M.: Col. Csoban

Alle dirette dipendenze del Corpo d 'armata : btg. mitr 2° e 3°.

38ª Div. ftr. Honvèd: Luogoten. Maresc. di Campo von Molnár

75ª Brig. ftr. Honv.: Col. Barone von Than – HIR (Honvéd Inf. Rgt.) 21(3), HIR 22(3)

76ª Brig. ftr. Honv.: magg. Gen. von Karleusa - HIR 23(3), HIR 24(3)

38ª Brig. art. camp. Honv.: Col. von Latka

74ª Brig. art. camp.: Magg. Gen. von Reutter

16ª Div. ftr.: Luogoten. Maresc. di Campo Fernengel

31ª Brig. ftr.: Col. Pedretti - IR 2 (3), IR 138 (3) – includeva i batt. III e IV/64, IV/50

32ª Brig. ftr.: Col. Fleischmann - IR 31(3), IR 52(3)

16ª Brig. art. camp.: Col. von Bolland

5ª Brig. art. camp.: Col. von Wolf-Schneider

42a Div. ftr. Honvéd: Luogoten. Maresc. di Campo von Soretich

83ª Brig. ftr. Honv.: Col. Minnich - HIR 25 (3) HIR 26 (3)

84ª Brig. ftr. Honv.: Cd. Novakovich - HIR 27 (3), HIR 28 (3)

42ª Brig. art. camp. Honv.: Col. Gemya

36ª Brig. art. camp.: Magg. Gen. V. Bibra.

74ª Div. ftr. Honvéd: Luogoten. Maresc. di Campo Perneczky

Brig. Papp.: Col. Papp - ku LstIR (kön. ungar. Landsturm) 5(4), ku LstIBaon VI/3.

Brig. Sávoly: Magg. Gen. de Sávoly - HIR 306(3), 307(3).

5ª Div. ftr.: Luogoten. Maresc. di Campo von Felix

9ª Brig. ftr.: Col. von Hiltl - IR 54(3), IR 101(3)

10ª Brig. ftr.: Magg. Gen. Demus-Moran - IR 13(3), IR 113(3)

▲ Assaltatori austriaci impegnati in un attacco

NOTE:

1   L'Armée Française dans la Grande Guerre, tome VI premier volume, Instruction personelle et sécrete, 50, 16.11.18, X Armée.

2   Valdagno era territorio di reclutamento alpino (battaglioni Vicenza, Monte Berico e Val Leogra).

3   L'Armée Française dans la Grande Guerre, tome VI premier volume. A Valdagno arrivò il I gruppo alpino della 46ª divisione Chasseurs des Alpes con i battaglioni alpini 7° - 13° e 47°. La divisione francese, comandata dal generale brigadiere Levi, capo di Stato maggiore il maggiore Ducasse, dislocata nella valle dell'Agno disponeva anche del II gruppo alpino (battaglioni 22° - 53° - 62°), III gruppo alpino (battaglioni 15° - 23° - 63°), del 1° squadrone di cavalleria del 18° reggimento Dragoni, del 227° reggimento artiglieria campale, delle compagnie del genio 27/2 (11° genio) e 12/25 (6° genio). La 46ª divisione Chasseurs, assieme alla gemella 47ª, ebbe l'ordine di avvicinarsi a scaglioni al Grappa dal 24.11.17, prendendo posizione a dicembre nel settore di monte Tomba. Ritornò in Francia l'11.4.18.

4   ASCV CN busta 96. Negli archivi del comune di Novale è presente un manifesto bilingue molto interessante del 10.8.18 (epoca in cui le truppe francesi combattevano sull'altopiano di Asiago) e firmato dai generali Graziani, francese, e Scipioni, italiano. In esso si vietava nel modo più assoluto agli esercenti di dare ai francesi bevande alcoliche diverse da vino da tavola o birra, ordinando che alle ore 21 tutti i militari transalpini abbandonassero le osterie, perna la revoca delle licenze.

5   Coudray H., Memoires d'un Troupier, Editeur Coudray, 1986, Bordeaux.

6   ASCV busta 258 f.8/4. Alloggi alle truppe francesi: creditori al 2.7.1918. Antonio Perin fu Luigi in corso Principe Umberto per tre stanze uso ufficio ed una soffitta – Michele Benetti fu Pietro della Palazzina di Novale per soffitta per 80 uomini e stalla per 20 cavalli – Alessandro Pretto fu Antonio località Predelle, per una stanza ufficio, una cucina ed una stalla per 6 uomini e 4 cavalli del 7° battaglione Chasseurs – dott. Domenico Dal Lago fu Girolamo, via Manin, tre stanze per ufficiali e 45 uomini – Margherita Battistin di Giuseppe, Chiesa di Piana, una stanza con letto doppio per due ufficiali ed una stanza per prigione – Cirino Battistin fu Domenico, Bartolomei, una stanza per 30 uomini, una soffitta per 20 soldati, una camera da letto per un ufficiale – Giacomo Soldà fu Severino, Zefferino Soldà di Guerrino, ponte Garzaro, un granaio per sei uomini, una stanza per un ufficiale, un lavatoio, due granai ed una stanza per sottufficiali – Antonia Dani vedova Trentin, Corso Principe Umberto, due stanze per tre ufficiali – Francesco Bicego fu Francesco, Maglio di Sotto, due stanze per sei uomini e un ufficio – Banca Mutua Popolare di Valdagno, una soffitta – Gio Batta Vigolo fu Antonio, S. Clemente, due stanze per quattro ufficiali – Giovanni Ferrari fu Domenico, Carmini 86, una stanza per due ufficiali, un granaio per 20 soldati – Dionisio Urbani fu Matteo, Maglio di Sotto, una soffitta per 50 soldati ed un riparo per 10 cavalli – Giovanni Valdo fu Gio Batta, via Galliano, una cucina ed una soffitta per 15 soldati e due ufficiali più l'aspirante Bacare del 13° battaglione Chasseurs – Elisa Bocchese fu Antonio, via Ospitale, una stanza per il capitano Valada – Marco Vibelli d'ignoti, via XX settembre 1, un magazzino – Adone De Gobbi fu Giuseppe, corso Principe Umberto, un appartamento con soffitta e cortile per cavalli, un magazzino – Basilio Metterle fu Floriano, ponte Garzaro, tre stanze per ufficiali.

7   Talmente pochi da meritare il soprannome di Old Comptentibles (veterani da commiserare).

8   Il 1° ed il 2° regolari erano nelle divisioni/brigate della regular army. il 3° era il battaglione quadro del reggimento, che serviva all'addestramento, il 4°, e via via gli altri, erano nella Territoriale ed erano aggregati in Divisioni Territoriali che prendevano il nome dalla regione di reclutamento: es. South Midlands.

9   Il Military Service Act, 1916 e Recruitment by Class. L'arruolamento volontario fu completamente dismesso dal 27 gennaio 1916, quando il Governo emanò il Military Service Act . Come nei altri paesi, ora anche in Gran Bretagna tutti i maschi ora erano iscritti alle liste di Leva (enlisted) diventando coscritti, purché di età compresa tra i 18 e 41 anni, residenti in Gran Bretagna (esclusa Irlanda), celibi o vedovi a tutto il 2 novembre 1915. I coscritti non ebbero più il privilegio di scegliere il proprio reggimento, fatta eccezione per una eventuale scelta in Marina, che comunque era prioritaria. Il 25 maggio 1916 la Legge fu estesa anche agli sposati.

Le nuove disposizioni, all'inizio, furono fallimentari riuscendo a reclutare soltanto 43000 idonei, mentre i renitenti furono addirittura 93000 e intasarono i tribunali. 748587 civili fecero richiesta d'esenzione, anch'essi intasando i tribunali. Altri 1.433827 non poterono essee arruolati in quanto consegnati, "starred", ai servizi bellici, ammalati o congedati.

Dal settembre 1916, i coscritti furono addestrati nelle unità della Training Reserve. Il 10 aprile 1918, un'estensione

della Legge di leva portò all'arruolamento dei diciottenni. La Leva inglese ebbe termine l'11 novembre 1918 e tutti i coscritti furono congedati a partire dal 31 marzo1920.

10   La coscrizione obbligatoria ebbe anche effetti paradossi. Numerosi operai specializzati, che si erano arruolati come volontari, furono obbligati a tornare in patria ed a prestare servizio nell'industria bellica.

11   La 7ª divisione aveva iniziato con la difesa di Anversa (Antwerp) sbarcando a Zeebrugge il 6 October 1914 – e subito fu spostata nei pressi di Ypres, dove ebbe un ruolo centrale nella prima battaglia difensiva svoltasi in quel luogo. La Divisione bloccò l'armata tedesca che avanzava a Wipers. Tutte le sue unità subirono prdite ingenti e riuscì a irprendere la propria piena forza solamente nei successivi mesi di gennaio/febbraio. Dopo la prima battalia di Ypres fu chiamata "the Immortal Seventh": l'immortale Settima.

12   La Convenzione anglo-italiana aveva stabilito di fornire i britannici di 500 autocarri Fiat 18BL ma, alla prova dei fatti, pochi furono realmente disponibili. La stessa carenza di carburante, infine, consigliò i britannici a ricorrere agli animali da soma.

13   Dal sito web del soldato William Henry Bonser Lamin: http://wwar1.blogspot.com.

14   Il diario porta la data 12th-25th ma sembra un errore, dove il 12 si dovrebbe forse leggere come 17 maggio. Tuttavia è stato riportato come scritto nel documento originale.

15   Era l'epidemia di Influenza, il secondo impulso di maggio-giugno 1918.

16   Lo stesso termine di brigata potrebbe trarre in inganno. A differenza delle brigate italiane ed austro-ungariche formate da reggimenti di tre o quattro battaglioni ciascuna, la brigata britannica possedeva in tutto quattro battaglioni di circa 1000 uomini (quattro compagnie da 250 effettivi quando era in piena forza), più 65 addetti al Quartier generale. Il battaglione inglese tuttavia aveva una discreta potenza di fuoco. Nel 1918 ogni battaglione arrivò a schierare ben 36 mitragliatrici leggere Lewis. La brigata, inoltre, possedeva una batteria di mortai da trincea (le bombarde italiane) e, da marzo 1918, alcune sezioni del battaglione mitragliatrici di divisione.

17   In effetti almeno 50 tra ufficiali, sottufficiali e soldati di fanteria erano aggregati ai due battaglioni mitragliatrici divisionali per frequentare corsi di addestramento tra il primo de il 15 giugno. Se i comandi avessero ritenuto plausibile un attacco nemico alle proprie linee (non solo un bombardamento) sicuramente i corsi sarebbero stati sospesi come da prassi.

18   Vera Mary Brittain (29 dicembre 1893 – 29 marzo 1970) fu una scrittrice inglese celebre, femminista e pacifista, ricordata per il suo best-seller del 1933 "Testament of Youth", dove raccontò l'esperienza al femminile di una donna durante la Grande Guerra e la nascita dell'ideologia del pacifismo Cristiano. Il capitano Edward Harold Brittain, dell'11° batt. Sherwood Foresters, mantenne una fitta corrispondenza con la sorella Vera, all'epoca impegnata come aiuto crocerossina in Belgio. Il 15 giugno 1918 Edward fu ucciso sulle trincee di San Sisto, a sud-est di Asiago. Del fatto rimane una struggente descrizione del pellegrinaggio del 1920 alla tomba del fratello a Granezza. Vera chiese che, dopo la sua morte, le sue ceneri fossero portate a Granezza sulla tomba dell'adorato fratello maggiore.

19   É il diario di guerra della 48ª divisione, del giorno 14, che registra la formazione di alcuni depositi avanzati "per la prossima offensiva che avrà il nome di Dis aliter visum". Il termine è una dotta citazione latina tratta dall'Eneide di Virgilio che significa più o meno "gli dei stabilirono in modo diverso" o anche "uomo propone e Dio dispone". Un nome piuttosto jellato per un offensiva.

20   HE sta per high explosive. Erano le granate comuni che, esplodendo, generavano un ventaglio di schegge metalliche.

21   In http://1914-1918.invisionzone.com/ forum.

22   Trascritto da D.J. Driscoll dalla storia della batteria scritta dal capitano Capt S.F. Gedye M.C. R.F.A. [TF] . http://www.bristolgunners. pwp.blueyonder.co.uk

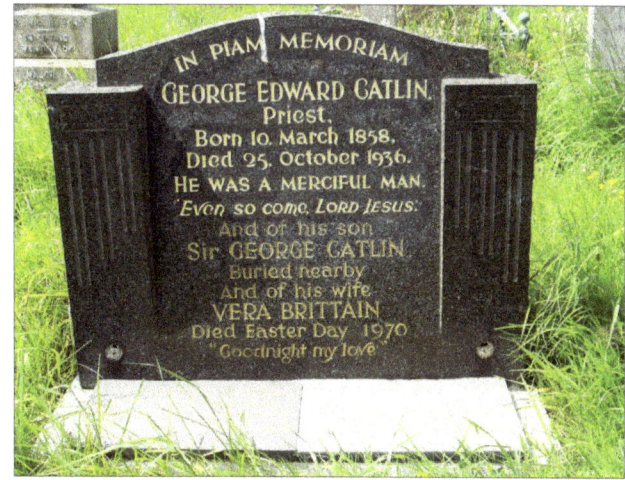

▲ La tomba della scrittrice Vera Brittain in Gran Bretagna, vuota poiché Vera chiese che, dopo la sua morte, le sue ceneri fossero portate a Granezza sulla tomba dell'adorato fratello maggiore.

23   Trascritto da J. Corsan nipote del maggiore R. A. Corsan D.S.O. M.C. R.F.A. dai documenti originali dei National Archives. Website: http://www.bristolgunners.pwp. blueyonder.co.uk/Italian_War%20Diary_page_1. htm

24   All'erta. Il termine "Stand To" (a position) era l'ordine che intimava di occupare immediatamente le posizioni difensive assegnate per respingere un attacco. In ogni linea o postazione ogni soldato aveva il proprio posto stabilito e in caso di allarme là doveva "star pronto" . L'ordine poteva essere inviato dai comandi superiori e poteva anche essere diramato da una sentinella che dava l'allarme.

25   Charles Robert Mowbray Fraser Cruttwell, "The War Service of the 1/4° Royal Berkshire Regiment", Basil Blackwell , Oxford 1922.

▲ Tomba del tenente colonnello Knox, situata 50 m di fianco alla strada di Granezza (foto autore)

26   Era l'obice n. 3 di Hugh Dalton (464ª batteria d'assedio RGA), che ebbe ordine di tirare 10 colpi HE, senza particolari sequenze, al riflettore austriaco.

27   Perrini Mario, *Da Montecengio a Magnaboschi, briciole di storia raccolte da un Granatiere*, vol. IV maggio-giugno 1916, Unione Editoriale d'Italia, Roma 1938

28   In Mackay Francis, *Asiago, Italy*, Battlegrounds Europe, Pen & Sword Books, 2001.

29   Il battaglione Oxford. & Buckinghamshire ebbe a subire 176 perdite (compresi i casi d'influenza) su una forza iniziale di 552 uomini e non era più in grado di tenere la nuova linea, dal tracciato contorto. Tuttavia l'afflusso delle riserve consigliò probabilmente di mantenere alcuni suoi reparti in difesa sulla nuova linea, a copertura dei contrattacchi previsti per la notte.

30   Il 48° battaglione di divisione possedeva armi pesanti Vickers, schierate in postazioni di destra (R) e di sinistra (L). Quelle della Happy Valley, a destra di Perghele, furono annientate durante il bombardamento (un solo superstite). Tuttavia la fanteria britannica era dotata anche di sezioni mitraglieri leggere, molto efficaci, come le Lewis mod. 1908 . La Lewis, prodotta in Inghilterra su licenza americana, era un'arma raffreddata ad aria. Il grosso manicotto, che avvolgeva la canna prolungandosi ben oltre la bocca di questa, aveva infatti lo scopo si favorire la circolazione forzata dell'aria, messa in movimento dai gas di sparo. Era un'arma molto efficiente, con una cadenza di tipo piuttosto elevata, ma il tipo di raffreddamento la rendeva inadatta a sparare lunghe raffiche. Era lunga 128 cm e pesava 12,247 Kg. Sparava cartucce calibro 7,7 mm d'ordinanza inglese, alloggiate in un caricatore circolare contenente 47 colpi e pesanti 4 Kg pieni. Fu giudicata dai tedeschi la miglior mitragliatrice leggera della Grande Guerra.

31   Lo sparuto gruppetto tenne duro per circa 4 ore e mezza, prima di essere liberato. La sua resistenza di fatto impediva agli austriaci di passare oltre la cresta da dove avrebbero potuto scendere dietro Perghele e occupare il sistema difensivo mediano della Cesuna Switch. (Townley fu proposto per la Victoria Cross, ma ottenne invece la meno prestigiosa Distinguished Conduct Medal).

32   Due delle sezioni di sinistra del 48° battaglione mitragliatrici, la L1 e L10 assegnate alla compagnia B, ebbero grande merito nel disturbare l'alimentarsi dell'attacco austriaco in uomini e materiali. Inflissero infatti ingenti perdite battendo d'infilata la valletta di Holla, le aree antistanti Ambrosini e persino la collinetta di Cunico. Le altre due sezioni, L11 e L12, che coprivano il fianco sinistro, invece non ebbero quasi l'opportunità di sparare.

33   Relazione ufficiale britannica. General Staff, War Office, "History of the Great War", *Military Operations Italy 1915-1919*", redatta dal Brig. Gen. Sir James E. Edmonds, Maj. Gen. H. R. Davies, ristampata da Battery Press, Nashville 1991.

34   Bencze László, *A Piave - Front* ,Bencze László, Múlttal a Jövőért, 2003.

35   La 18ª divisione era tutt'altro che un'unità di elite. Possedeva un solo reggimento viennese, il 104° (dai

distretti del 4° Deutschmeister e dell'84°), per il resto era un miscuglio di nazionalità. Questa era la composizione dei suoi reggimenti nel 1918: 20° regg.: 81 % polacchi, 10 rutèni, 5 tedeschi; 22° regg.: 90 % croati e 10 % serbi; 104° regg.: 89 % austriaci (viennesi) e 11 moravi; 117° regg.: 90% Sloveni, 14% croati, serbi, italiani del 97° di Trieste; 126° regg.: 90 % ungheresi e il resto slovacchi e tedeschi; 7° batt. Feldjäger 52 % sloveni e 48 % croati.

36   Le divisioni impiegate nell'attacco furono principalmente le seguenti unità:

6ª Div. fanteria: Magg. Gen. von Schilhawsky

11ª Brig. ftr.: Col. von Sparber –

IR 81 MORAVO (3 battaglioni), Ergänzung Bezirk (distretto) di Iglau, Moravia (31% Tedeschi di Moravia, 66% Cechi, 3% vari).

IR 127 SLOVENO (3) reclutamento nel distretto sloveno IR 47 di Marburg e nel distretto stiriano di Graz (69% Tedeschi stiriani, 31% sloveni e vari).

12ª Brig. ftr.: Col. Schotach –

IR 17 SLOVENO (3), reclutato nel distretto di Laibach-Lubiana (81,5% Sloveni, 18,5% vari e carinziani)

IR 27 STIRIANO (3) distretto stiriano di Graz, (94% Tedeschi e sloveni, 6% cechi).

52ª Div. ftr.: Magg. Gen. Schamschula

103ª Brig. ftr.: Col. Vidossich –

IR 26 UNGHERESE (3), reclutato nel distretto di Gran (Esztergom), Ungheria, (65% Ungheresi, 38% Sloveni, 7% tedeschi).

6° regg. Bosnoerzegovese (3) – Bosnia ed Erzegovina. (96 % bosniaci e croati, 4 % tedeschi)

104ª Brig. ftr.: Col. Hohenberger –

IR 42 BOEMO (3), Werbbezirk di Theresienstadt (Militärgeneralkommando Prag). Nel 1914 reclutato nel distretto di Theresienstadt (84% Tedeschi di Boemia, 16% cechi).

IR 74 BOEMO (3) reclutato nel distretto di Jičin in Boemia (36% Tedeschi, 72% Cechi, 2% vari).

38ª Div. ftr. Honvèd: Luogoten. Maresc. di Campo von Molnár

75ª Brig. ftr. Honv.: Col. Barone von Than –

HIR 21 (3) - Reclutato nel distretto di Klausenburg, Nagyenyed (Rumeni 54%, Ungheresi 42%, vari 4%).

HIR 22 (3) - Reclutato nel distretto di Maros-Vásárhely (Ungheresi 42%, Rumeni 53%, vari 5%)

76ª Brig. ftr. Honv.: magg. Gen. von Karleusa –

HIR 23 (3) - Reclutato nel distretto di Hermannstadt, Déva (Rumeni 58%, Ungheresi 34%, Tedeschi di Transilvania 8%).

HIR 24 (3) - Reclutato nel distretto di Kronstadt, Czikszereda (Ungheresi 51%, Rumeni 38%, Tedeschi di Transilvania 11%).

16ª Div. ftr.: Luogoten. Maresc. di Campo Fernengel

31ª Brig. ftr.: Col. Pedretti –

IR 2 RUMENO (3), reclutato nel distretto di Brassó in Romania (50% Ungheresi, 32% Rumeni, 18% Tedeschi di Transilvania)

IR 138 RUMENO (3) – reclutamento nel distretto di Gyulafehérvár (Alsó-Fehér) e nel distretto di Szászváros (Hunyad) (34% Ungheresi, 52% Rumeni, 14% Tedeschi di Transilvania) .

32ª Brig. ftr.: Col. Fleischmann -

IR 31 RUMENO (3), ungherese; reclutato nel distretto di Nagyszeben, (24% Tedeschi di Transilvania, 63% Rumeni, 13% ungheresi)

IR 52 MAGIARO (3) ungherese; reclutato nel distretto di Pécs (21% Tedeschi, 67% Ungheresi, 12% vari)

37   Bencze László, *A Piave - Front* ,Bencze László, Múlttal a Jövőért, 2003.

▲ La posizione di Granezza nella parte sud dell'altopiano oggi (foto dell'autore)

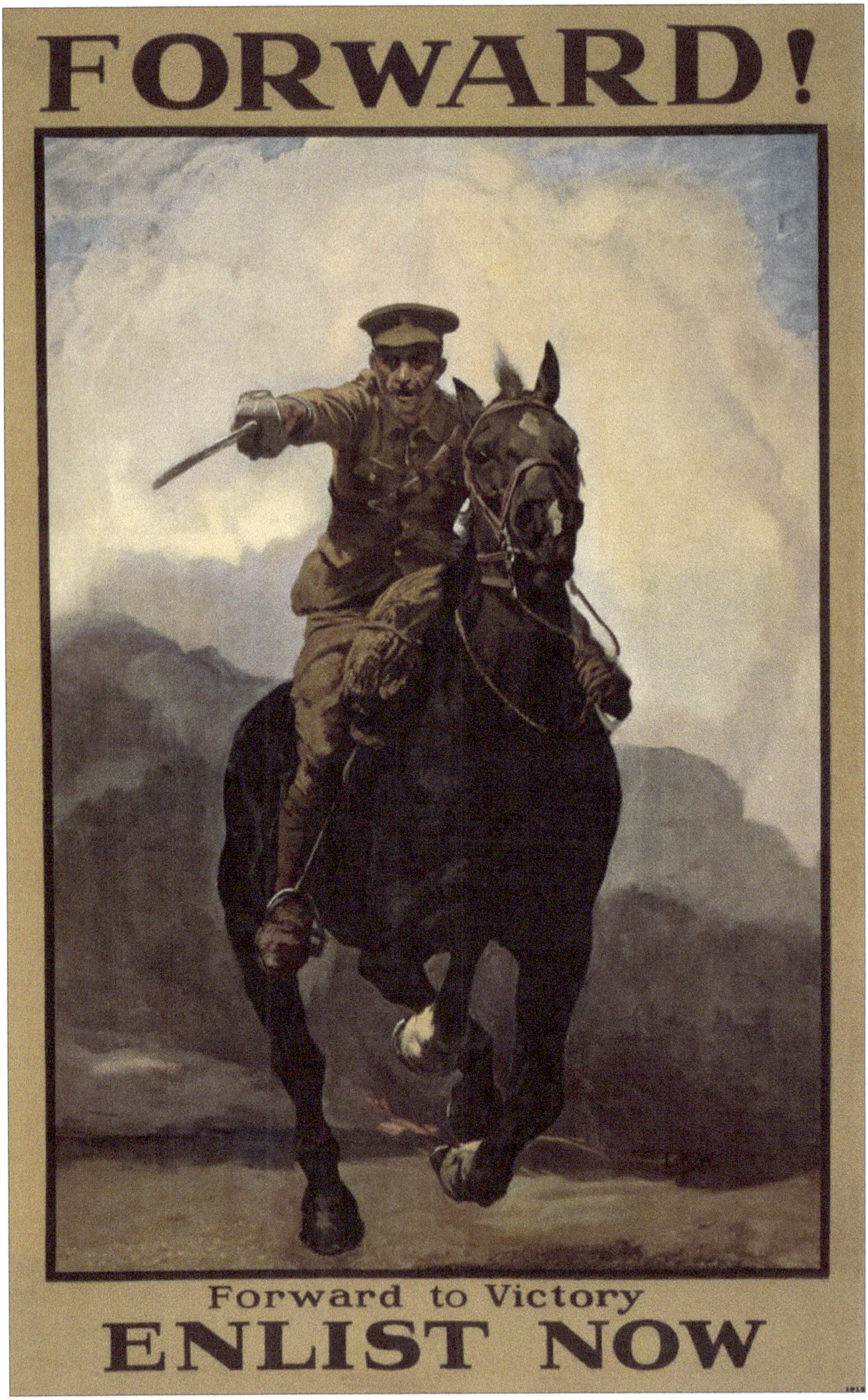
FORWARD!
Forward to Victory
ENLIST NOW

▲ I soldati inglesi in Italia

BATTLEFIELD 022

THE *LEGIONES CANNENSES*

SAMUELE ROCCA - LUCA STEFANO CRISTINI

THE FIRST PROFESSIONAL ARMY OF THE ROMAN REPUBLIC

SOLDIERS&WEAPONS 032

SOLDIERSHOP
PUBLISHING

THE AUTHOR

Dr. Samuele Rocca, born in Milano in 1968, completed in 2007 his doctorate at the Bar - Ilan University, at the Department of History of the Jewish People, under the supervision of Professor Emeritus A. Baumgarten. In 2008, he completed his post-doctoral research at the Pontifical Biblical Institute, Rome, under the supervision of Professor J. Sievers. Amongst his awards and scholarship, are the Rotenstreich Scholarship, Award for Ph.D. students (2002) and the Skirball Fellowship for the Study of Christianity, Award for postdoctoral studies (2008). From 2006, he teaches as senior lecturer, at the Ariel University, at the Faculty of Architecture, and as lecturer, at the Neri Bloomfield Academy of Design and Education – Haifa, Faculty of Design. Samuele Rocca had written numerous articles for journals such as the *Rassegna Mensile d'Israel*, *Revue des Études Juives*, *Israel Numismatic Journal*, *Athenaeum*, and *Henoch*. Besides, he had contributed encyclopedic entries to the *Encyclopedia Judaica* and the *Encyclopedia of the Bible and Its Reception (EBR)*. Moreover, he had taken part in various congresses, with various contributions to their proceedings. He had also written various books, including *Herod's Judaea – A Mediterranean State in the Classical World, Texts and Studies in Ancient Judaism 122*, Tübingen 2008. Samuele Rocca takes part also at the project the *Ancient Cities*, under the direction of Prof. Ariel Samuel Lewin, Dipartimento di scienze umane, Università degli Studi della Basilicata. Samuele Rocca is also associate editor, 4 Enoch: The Online Encyclopedia on Second Temple Judaism and Christian Origins (www.4enoch.org).

ACKNOWLEDGMENT

My deepest thanks go to Mos Maiorvm, Associazione Culturale di Studio e Ricerca Storica, first and foremost, Alexandro Ascoli, Presidente Associazione Mos Maiorvm, Alberto Agostinelli Vicepresidente Mos Maiorvm, the reenactors della Legio Secvnda Consvlaris, Gioal Canestrelli and EVROPANTIQVA, and i Cavalieri de li Terre Tarentine, Associazione Storico Culturale, as well as Vito Rizzi, Photographer, Italian Fashion Photographer, for their help.

  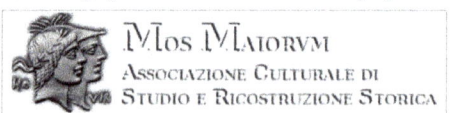 

The book is dedicated to Avigail, Yair, and Daniele. Thank you so much for your support and guidance, as always!

ISBN: 978-88-93274128   1st edition March 2019
The *Legiones Cannenses* – The First Professional Army of the Roman Republic (S&W-032)
by Samuele Rocca. Color plates by Luca Stefano Cristini
Editor: Luca Cristini Editore, for the brand: Soldiershop. Cover & Art Design: Luca S. Cristini.